CW00485231

Yule

La guía definitiva del solsticio de invierno
y cómo se celebra en la wicca, el druidismo,
el cristianismo y el paganismo

Su regalo gratuito

¡Gracias por descargar este libro! Si desea aprender más acerca de varios temas de espiritualidad, entonces únase a la comunidad de Mari Silva y obtenga el MP3 de meditación guiada para despertar su tercer ojo. Este MP3 de meditación guiada está diseñado para abrir y fortalecer el tercer ojo para que pueda experimentar un estado superior de conciencia.

https://livetolearn.lpages.co/mari-silva-third-eye-meditation-mp3-spanish/

Tabla de contenidos

Introducción

A pesar de ocurrir en pleno invierno, cuando los días se vuelven tan fríos y oscuros como vienen, los paganos han aprendido a honrar Yule desde muy temprano. Los paganos sabían que tras la noche más larga del año, la oscuridad alcanzaba por fin su cima, para ser derrotada por la luz poco después. El solsticio de invierno, como se conoce esta noche en las comunidades paganas, marca el renacimiento del Sol. Justo cuando la tierra parece sucumbir a la oscuridad, vuelve a salir y, en primavera, se vuelve lentamente más vibrante que nunca. El conocimiento de que esto es lo que viene después de esta noche trajo tanta alegría a la vida de la gente que supieron que esta fecha del calendario pagano tenía que estar marcada por una celebración especial.

Desde entonces, la tradición pagana de celebrar Yule se ha extendido ampliamente y ha sido adoptada por muchas culturas, tanto paganas como no paganas. Hoy en día, Yule vuelve a ser una de las fiestas más celebradas, ya que nos promete el regreso de la luz, tanto en el cielo como en nuestros corazones. Como nuestras vidas son tan estresantes en estos días, es fácil sucumbir a la oscuridad, especialmente durante el invierno, cuando el tiempo parece tan sombrío y frío como nos sentimos por dentro. Al celebrar Yule de forma pagana, puede aprender que esta oscuridad es necesaria para hacerle más fuerte, al igual que es crucial para que la naturaleza descanse antes de despertar de nuevo para proporcionarnos sustento en el año venidero.

Este libro esboza varias cosas que puede incorporar para despejarse de las telarañas y celebrar este nuevo comienzo. Su estado de ánimo mejorará en cuanto empiece a pensar qué preparar para dar de nuevo la bienvenida a la luz en su vida. Tanto si es un practicante solitario como si prefiere la práctica en grupo, existe una forma pagana especial para que celebre Yule y se exprese. Hay una amplia gama de actividades entre las que elegir, y puede tomarse tantos días como necesite o tenga disponibles para prepararse para esta festividad. En la noche del solsticio de invierno, depende totalmente de usted si hace un ritual rápido de limpieza y oración o sigue el calendario tradicional de Yule de 12 días con actividades relacionadas con Yule para cada día.

Para celebrar esta mágica festividad, los paganos de todo el mundo se reúnen en grandes comunidades para festejar compartiendo su generosidad con los demás. E incluso si no tiene una comunidad pagana cerca, puede involucrar a los que le rodea. Puede compartir las artesanías hechas a mano que cree o bien donar alimentos a los más necesitados como compartiría su generosidad después de una cosecha exitosa. De este modo, compartirá la luz con muchas personas que podrían no ser conscientes de su acercamiento.

Como con todas las prácticas paganas, sean cuales sean sus elecciones para celebrar Yule, deben resonar con sus necesidades espirituales. Deje que el espíritu de Yule despierte su alma siguiendo los consejos de celebración del solsticio de invierno de este libro. Si acaba de iniciar su viaje espiritual pagano, honrar Yule es la mejor manera de comenzar su desarrollo espiritual. Después de todo, nada hace que su alma crezca más fuerte que la esperanza en una vida nueva y mejor.

Capítulo 1: De Yule a la Navidad

La fiesta de Yule es una celebración popular que se remonta a siglos atrás. Aunque sus orígenes son algo turbios, es probable que la fiesta de Yule tenga raíces paganas. Hoy en día, la fiesta de Yule es celebrada tanto por cristianos como por no cristianos. Es un momento para reunirse, celebrar la vida y disfrutar de la compañía de los seres queridos. Entonces, ¿qué es la fiesta de Yule? ¿Y de dónde procede? Siga leyendo para saber más sobre la historia y los orígenes de esta ocasión festiva.

¿Qué es la fiesta de Yule?

Yule es una fiesta de invierno que cae en el solsticio de invierno y que originalmente celebraban los pueblos germánicos. Este festival consiste en festejos y alegrías durante la época más oscura y fría del año. Marca el final de un largo y sombrío invierno y el comienzo de la primavera. La gente decoraba sus casas con vegetación, como acebo y hiedra, encendía leños y se daba un festín con comidas festivas especiales. La fiesta suele durar 12 días, comenzando el 21 de diciembre, día del solsticio de invierno, y terminando el 1 de enero, conocido como la yuletida. El solsticio de invierno ha sido un día muy importante en la tradición pagana germánica y nórdica, pero también en otras culturas paganas de todo el mundo.

¿Por qué es importante el solsticio de invierno para los paganos y el festival de Yule?

El solsticio de invierno es el día más corto y la noche más larga del año y marca el comienzo oficial del invierno. En esta época del año, el sol se encuentra en su punto más bajo en el cielo y gira de nuevo hacia la tierra, dando la apariencia de una rueda girando. Así es como Yule deriva su significado de "rueda" en inglés antiguo. Para muchas culturas paganas, este día se interpreta como la muerte y el renacimiento del sol. Significa el regreso del sol tras meses de oscuridad y frío y es una señal de bienvenida de que la primavera acabará llegando.

Para los paganos, es un momento para celebrar el mundo natural y el cierre de un ciclo. Los paganos creen que la tierra está viva y que todo tiene un espíritu, incluidos los animales, las plantas, las rocas y la tierra. El solsticio de invierno es un momento para honrar a estos espíritus y dar gracias por los dones y bendiciones que nos han dado. Es un tiempo de esperanza, renacimiento y renovación. También es un momento para celebrar a la diosa de la fertilidad, que trae nueva vida a la tierra tras un largo periodo invernal.

Etimología

La palabra "Yule" deriva del nórdico antiguo jól, uno de los nombres de título del dios nórdico Odín. También procede de un antiguo término inglés, géohol, que se refería a la temporada de caza que seguía a la cosecha. "Geol" fue sustituido posteriormente por la palabra nórdica antigua "jól", con el mismo significado. "Jól" acabó convirtiéndose en la palabra inglesa moderna "Yule". La palabra "Yule" también se utiliza en muchas otras lenguas, como el sueco, el danés, el noruego, el islandés y el alemán. Además de referirse a la época navideña, la palabra "Yule" describe los árboles y adornos de Navidad. Incluso se utiliza en algunas tradiciones paganas y wiccanas. Se dice que la fiesta se originó en la antigua Escandinavia y Germania y a menudo se relaciona con la mitología nórdica.

Fiestas similares a Yule

Diferentes culturas tienen diferentes nombres para la fiesta del solsticio de invierno. Aunque muchas prácticas se situaban en lugares geográficos diferentes, su celebración era muy similar.

Ritual del dios Ra

El solsticio de invierno en el antiguo Egipto se celebraba como el regreso a casa de Ra, el dios del sol, para agradecerle que mantuviera calientes la tierra y las cosechas. Los antiguos egipcios celebraban el solsticio de invierno de varias maneras. La gente ofrecía oraciones y sacrificios a Ra durante el festival, y se navegaba por el Nilo en barcas decoradas con símbolos solares y hojas de olivo.

Saturnalia

El festival Saturnalia era una fiesta romana que se celebraba del 17 al 23 de diciembre en honor al dios Saturno. Era un momento en el que la gente podía soltarse y divertirse. La fiesta era muy parecida a la fiesta de Yule que celebraban los pueblos germánicos. Ambas fiestas duraban varios días e implicaban festejos, la decoración de sus casas con verde y luces y el intercambio de regalos. Sin embargo, Saturnalia también era una época en la que las normas sociales se ponían patas arriba. Esclavos y amos intercambiaban sus papeles y la gente se disfrazaba. La Saturnalia era una oportunidad para que la gente celebrara la vida y se divirtiera antes de que llegaran los fríos meses de invierno. Era similar a las celebraciones de Yule y Navidad.

Inti Raymi

Cada diciembre, la gente de todo el mundo celebra el solsticio de invierno. En el hemisferio norte, marca el día más corto del año y el comienzo del invierno. En el hemisferio sur marca el día más largo del año y el comienzo del verano. El pueblo inca de Perú también celebraba el solsticio de invierno. Lo llamaban Inti Raymi, que significa "Fiesta del Sol". El Inti Raymi era un momento para agradecer al dios del sol, Inti, su calor y su luz dadores de vida. El festival se celebraba en junio, el comienzo del invierno en el hemisferio sur. Como muchas otras celebraciones del solsticio de invierno, el Inti Raymi incluía banquetes y bailes. Pero también incluía algunas tradiciones incas únicas, como procesiones por las calles y sacrificios a estatuas de dioses y diosas. A pesar de estar separadas por cientos de años y kilómetros, el Inti Raymi y la fiesta actual de Yule tienen muchas similitudes. Ambas celebran el solsticio de invierno con banquetes y diversiones e implican exhibiciones o decoraciones especiales que honran a sus respectivos dioses del sol.

Similitudes entre Yule y la Navidad

La fiesta de Yule fue cristianizada y transformada en Navidad
https://pixabay.com/images/id-791110/

El festival de Yule era una celebración pagana que más tarde fue cristianizada y transformada en Navidad. Alrededor del siglo IV, el emperador romano Constantino declaró el cristianismo religión oficial del imperio. Esto afectó profundamente a la forma en que se celebraba la Navidad, ya que muchos paganos se convirtieron al cristianismo. La Navidad fue un intento del emperador de persuadir a los paganos para que se convirtieran al cristianismo insinuando el nacimiento de Jesús en las celebraciones de Yule. En el siglo IX, el rey Hakon de Noruega introdujo el cristianismo en Escandinavia. Prohibió las celebraciones paganas obligándoles a abandonar el festival de Yule en favor de la Navidad, pero les permitió seguir algunas de las costumbres regionales de Yule, como beber cerveza. Estos dos acontecimientos contribuyeron a dar forma a la Navidad hasta convertirla en la fiesta que conocemos hoy. Aunque los orígenes paganos de la fiesta se han olvidado en gran medida, siguen influyendo en muchas de las formas en que celebramos la Navidad hoy en día. He aquí algunas similitudes entre las costumbres de Yule y las de Navidad.

1. **El calendario:** Ambas fiestas se celebran en torno al solsticio de invierno. Yule se celebra durante 12 días a partir del solsticio de invierno, que cae el 21 de diciembre en el hemisferio norte. En

comparación, la Navidad se celebra el 25 de diciembre.

2. **Decorar con vegetación:** Una de las decoraciones más populares para Yule y Navidad son las ramas y coronas de hoja perenne. Ningún árbol sobreviviría excepto los árboles de hoja perenne en Escandinavia debido a los duros inviernos. Por ello, los nativos vikingos solían decorar y tallar árboles de hoja perenne para resucitar los espíritus de otros árboles porque los árboles de hoja perenne simbolizan la vida y el crecimiento, lo que es especialmente importante durante los oscuros meses de invierno. Tras la cristianización de Yule, la tradición de decorar un árbol de hoja perenne sigue siendo evidente cuando se celebra la Navidad.

3. **Papá Noel:** Durante la celebración de Yule, los niños de las regiones germánicas llenaban sus botas de paja y las colocaban fuera de su casa para que el dios nórdico Odín las llenara de regalos. Las leyendas cuentan que un Odín barbudo cabalgaba en su caballo de ocho patas Sleipnir y entregaba regalos a los niños buenos. Tras la toma del poder por los cristianos, el título y el personaje cambiaron a Santa Claus.

4. **Hacer regalos:** La práctica de hacer regalos ha sido disfrutada por la gente durante siglos, y sigue siendo uno de los aspectos más populares de la Navidad y Yule. Para muchos, hacer un regalo es una forma de expresar amor, gratitud y a menudo se considera un gesto de buena voluntad. Hacer regalos es tan importante para la Navidad y Yule que se ha convertido en uno de los rasgos definitorios de estas fiestas.

5. **Festines:** Por supuesto, ninguna fiesta está completa sin un banquete. Tanto si disfruta de una cena navideña tradicional como de un banquete de Yule más festivo, pasar tiempo con la familia y los amigos en torno a una buena comida es siempre una tradición muy apreciada.

6. **Pasar tiempo juntos:** Por último, la similitud más importante entre Yule y la Navidad es que ambas son fiestas en las que se trata de pasar tiempo con los seres queridos.

Diferencias clave entre Yule y Navidad

Las costumbres de Navidad y Yule varían mucho de una cultura a otra. En algunas culturas, la Navidad es un tiempo de alegría y celebración, y

Yule es un tiempo de reflexión y contemplación. Sin embargo, cabe señalar algunas diferencias clave entre ambas costumbres.

- La Navidad es una fiesta cristiana que celebra el nacimiento de Jesucristo, mientras que Yule es una fiesta pagana que honra a dioses nórdicos como Odín, Thor y Freya.

- La Navidad se celebra el 25 de diciembre, y Yule suele celebrarse durante 12 días entre el 21 de diciembre o el día del solsticio de invierno y el 1 de enero.

- Navidad significa misa de Cristo, o "fiesta de regocijo". " El término misa deriva de la palabra latina "massus", que significa "hacer o generar". Yule o Jul tiene múltiples significados. En inglés antiguo, a veces se refiere a Odín o a la rueda en referencia al movimiento del sol.

- Las costumbres de Yule mencionan la quema de troncos durante las celebraciones, mientras que los cristianos encienden velas durante la celebración del nacimiento de Cristo. Las fiestas de Yule suelen incluir actividades como quemar grandes troncos de Yule, decorar árboles de hoja perenne, sacrificar animales y beber cerveza. La Navidad se centra en la decoración personal de árboles de hoja perenne en casa, el intercambio de regalos, los banquetes y la asistencia a servicios religiosos.

Yule entonces

Las antiguas tradiciones de Yule de los pueblos germánicos y escandinavos eran algunas de las más fascinantes y únicas de la historia. Estas culturas desaparecieron hace mucho tiempo, pero sus costumbres y creencias en torno al solsticio de invierno aun se recuerdan y estudian hoy en día.

Celebraban el Yule, un festival de 12 días que coincidía con el solsticio de invierno, con muchas tradiciones que hoy pueden parecernos extrañas y familiares. Una de las tradiciones de Yule más conocidas es la quema de un gran tronco en el hogar. Aporta luz y vida al hogar durante los oscuros meses de invierno. Los troncos debían arder durante los 12 días guiando la luz hasta la completa resurrección del sol. Otras decoraciones comunes eran las coronas de hojas perennes, el muérdago y las ramas, símbolos de fertilidad y renacimiento.

Sin embargo, la parte más importante de la temporada de Yule era la fiesta, cuando las familias se reunían y se daban un festín de carnes asadas, pan fresco y postres dulces. También bebían mucha cerveza, hidromiel y sidra para mantenerse calientes y ahuyentar a los malos espíritus. Después del festín, era costumbre pasar el tiempo cantando canciones y contando historias alrededor del fuego.

En algunas culturas, los sacrificios de animales también formaban parte de las celebraciones de Yule. Podían ser desde quemar vacas y cerdos en hogueras gigantes hasta dejar comida para los animales salvajes.

Una de las tradiciones más populares durante Yule era el intercambio de regalos. Era una forma de mostrar amor y aprecio por los amigos y la familia. También se consideraba que traía buena suerte en el año venidero.

Yule en la actualidad

Los paganos modernos celebran Yule con muchas actividades, antiguas y modernas. Muchas de estas actividades se centran en el solsticio de invierno. Los paganos modernos también celebran este día como el renacimiento del sol, decorando las casas y los lugares de trabajo con árboles de hoja perenne y coronas, encendiendo velas, celebrando banquetes y haciendo regalos a sus seres queridos.

Los paganos modernos también participan en actividades más específicas relacionadas con sus creencias, como realizar rituales o meditar. Sean cuales sean las actividades elegidas, su objetivo suele ser aportar una sensación de calidez, felicidad y esperanza durante los oscuros meses de invierno. Aunque existen muchas similitudes entre los paganos antiguos y modernos que celebran Yule, también hay algunas diferencias. Una de las más notables es que los antiguos paganos lo habrían celebrado durante un mes entero. En cambio, los paganos modernos suelen celebrarlo durante un periodo más corto, probablemente porque ahora la gente tiene vidas muy ocupadas y no dispone de tiempo para comprometerse con una celebración de un mes de duración. Otra diferencia es que los antiguos paganos solían utilizar hogueras de troncos como parte de sus celebraciones. Los paganos modernos son más propensos a utilizar velas y luces eléctricas y a hacer pasteles de troncos para significar la importancia de la quema de troncos en lugar de quemarlos.

Perspectiva wiccana y druida de Yule

Como marca el momento en que el sol regresa tras la noche más larga del año, los wiccanos creen que el solsticio de invierno es un momento de gran importancia. Para muchos wiccanos y druidas, Yule es un momento para celebrar la luz y la vida que pronto volverán al mundo. La wicca es una secta del neopaganismo. Sus festivales incluyen los ciclos de la Luna, conocidos como Esbats y generalmente vinculados con la deidad femenina de la diosa triple, y los ciclos del sol, conocidos como Sabbats, asociados con la deidad masculina del Dios Cornudo. Comparten una creencia común con los druidas en relación con el Rey Roble y el Rey Acebo.

Los wiccanos y los druidas creen en la leyenda celta de la batalla entre el Rey Roble y el Rey Acebo. Según la leyenda, el Rey Roble representa la luz y el calor del verano, mientras que el Rey Acebo representa la oscuridad y el frío del invierno. Cada año, luchan por la supremacía. El Rey Roble acaba triunfando y devuelve el verano al mundo. Sin embargo, el Rey Acebo renace en Yule y vuelve a tomar el poder. Este ciclo de luz y oscuridad, vida y muerte, es una metáfora del ciclo de las estaciones. Al igual que el invierno siempre da paso a la primavera, la oscuridad acabará dando paso a la luz. Para los druidas, Yule es un momento para celebrar este ciclo eterno y dar gracias por la luz que siempre vuelve.

Símbolos importantes de Yule

- El tronco de Yule

Desde la antigüedad, el tronco de Yule ha sido un símbolo de luz y protección. En Escandinavia, el tronco de Yule se utilizaba tradicionalmente para ahuyentar a los malos espíritus y mantener los hogares seguros durante el largo y oscuro invierno. El tronco se decoraba a menudo con imágenes de animales o plantas y se creía que ofrecía protección contra todo mal. El tronco de Yule se sigue utilizando para simbolizar la luz y la protección durante el invierno. Mucha gente quema un tronco de Yule en su chimenea en Nochebuena, y algunos incluso lo decoran con imágenes de Papá Noel u otros personajes navideños. Tanto si quema un tronco de Yule en su casa como si simplemente lo utiliza como decoración, este símbolo milenario aportará sin duda un toque de luz y protección a sus celebraciones invernales.

• La cabra de Yule

En Escandinavia, la cabra de Yule simboliza a Thor, y tradicionalmente se sacrificaba antes de Yule. La cabra de Yule se asociaba con la fertilidad y la renovación y se creía que traía buena suerte. La cabra de Yule era originalmente una cabra de paja utilizada como decoración durante las celebraciones del solsticio de invierno. Con el tiempo, la cabra de Yule se asoció con Papá Noel y se convirtió en un adorno navideño popular en muchas partes del mundo como símbolo de magia y luz. La cabra de Yule suele representarse como una cabra blanca con cuernos, que representa el espíritu de la estación invernal. También se asocia con el engaño y la travesura; si no tiene cuidado, la cabra de Yule le jugará una mala pasada.

• El muérdago de Yule

El muérdago se ha utilizado como decoración navideña durante siglos. Los druidas creían que el muérdago poseía poderes mágicos y lo utilizaban en sus ceremonias. Se creía que las bayas blancas del muérdago representaban al Rey Roble, mientras que las hojas verdes representaban a la Diosa Madre. El muérdago también se consideraba un símbolo de fertilidad y se utilizaba a menudo en los hechizos de amor. Además, el muérdago era popular entre los paganos nórdicos para protegerse de los malos espíritus y a menudo se utilizaba para negociar acuerdos de paz. Hoy en día, el muérdago sigue siendo una popular decoración navideña. Aunque sus propiedades mágicas son discutibles, su significado simbólico sigue estando claro; el muérdago es un signo de buena voluntad y paz.

• El Wassail de Yule

Durante la temporada de Yule, los antiguos pueblos germánicos y nórdicos preparaban una bebida especial llamada wassail. Se creía que esta bebida bendecía la tierra y ahuyentaba a los malos espíritus. La palabra wassail viene del inglés antiguo y significa "tener buena salud". La gente recorría sus cultivos, vertiendo vino en el suelo y gritando para ahuyentar a los malos espíritus. El wassail también se bebía como brindis por la buena salud y la prosperidad. Los paganos lo reconocen como un símbolo de calor y bienestar.

- El jabalí de Yule

El jabalí de Yule es una tradición que se remonta a la época pagana. Freyr es la diosa de la cosecha y monta un jabalí con cerdas doradas. Durante Yule, los paganos sacrificaban jabalíes con la esperanza de que la diosa les bendijera con hijos, amor y una cosecha abundante. Actualmente la gente utiliza jamón en lugar de sacrificar jabalíes. El jabalí de Yule simboliza la fertilidad, la prosperidad y la buena fortuna. También es un recordatorio de que estamos conectados con la naturaleza y el ciclo de la vida.

- La vela de Yule

La vela de Yule simboliza la luz y la vida y tiene una larga historia que se remonta a la antigüedad. La antorcha de Yule se utilizaba para encender el tronco de Yule y proporcionaba luz para el banquete. Cuando la gente empezó a observar los rituales dentro de sus casas, la antorcha se sustituyó por una vela. Las velas de Yule se convirtieron en un signo de protección contra los malos espíritus y se pensaba que llenaban el hogar de una luz reconfortante. En la antigua Escandinavia, se quemaba la vela de Yule y la cera sobrante se colocaba en las hojas del arado con la esperanza de obtener una cosecha fructífera en el Año Nuevo. Hoy en día, la vela de Yule sigue siendo un símbolo de luz y vida, una parte importante de muchas celebraciones navideñas.

- La hiedra de Yule

La hiedra es un signo de renacimiento, ya que prospera tras la muerte de la planta huésped; representa la eternidad porque no se vuelve marrón en invierno. El hombre estaba representado por la hiedra, mientras que el acebo representaba a la mujer. Los paganos utilizaban la hiedra para hacer coronas para Yule, ya que se pensaba que las coronas ornamentadas tanto con hiedra como con acebo representaban la vida. La hiedra también se asociaba con el matrimonio y era frecuente llevarla como corona durante la fiesta de Yule. La hiedra se sigue utilizando para decorar los hogares durante las fiestas y también es popular para coronas y centros de mesa para Yule y Navidad. Tómese un momento para apreciar la historia y el simbolismo de la hiedra la próxima vez que la vea.

- El pan de jengibre de Yule

El pan de jengibre es una tradición navideña que se remonta siglos atrás a las celebraciones paganas. La palabra "pan de jengibre" procede de la raíz del inglés antiguo "gingifer", que significa "jengibre conservado". El jengibre, una especia popular en la antigua Europa, se utilizaba por su sabor y sus propiedades medicinales. Originalmente, el pan de jengibre se elaboraba solo con jengibre y miel, pero con el tiempo se añadieron a la receta otras especias como la canela y la nuez moscada. Estas especias se consideraban cálidas y saludables, lo que convertía al pan de jengibre en la golosina perfecta para el invierno.

- **Símbolo de Yule del acebo**

El acebo es un símbolo popular de Yule por una buena razón. La planta de hoja perenne se asocia con la nueva vida y el crecimiento, lo que la convierte en una elección natural para representar la estación de la renovación. El acebo también tiene una larga historia como decoración, que se remonta desde los paganos germánicos hasta la antigua época romana. En muchas culturas, la planta se considera un signo de buena suerte y se utiliza a menudo para ahuyentar a los malos espíritus. Tras la cristianización, las afiladas hojas del acebo representan las espinas de la corona de Cristo, convirtiéndolo en un símbolo popular de la Navidad. Tanto si lo ve como una representación de nuevos comienzos o como un signo de buena fortuna, no hay duda de que el acebo es una parte importante de la temporada de Yule.

Aunque ambas fiestas tienen sus raíces en antiguas celebraciones paganas, con el paso de los años han evolucionado hasta convertirse en festivales muy diferentes. La Navidad se ha convertido en una época de alegría y celebración, mientras que Yule ha conservado su naturaleza más reflexiva y contemplativa. Tanto si celebra una de estas fiestas como las dos, disfrute de la temporada.

Capítulo 2: Yule Lore y Deidades

Como ocurre con la mayoría de las tradiciones lore observadas en todo el mundo, la festividad de Yule hunde sus raíces en antiguas creencias, historias, deidades y figuras históricas cuya relevancia ha sobrevivido a la prueba del tiempo durante siglos. Muchos de estos vestigios de antiguas culturas paganas, germánicas y escandinavas sentaron las bases de lo que ahora miles de millones de personas celebran alegremente como Navidad, lo que explica el continuo interés por diversas leyendas en torno a los solsticios y el paganismo, la Wicca y la mitología nórdica. Conocer estos mitos fundacionales y sus deidades y simbolismos asociados allanará el camino para una mejor comprensión de Yuletide en su conjunto de ritos y prácticas.

Este capítulo dedicado explora las historias más definitorias del saber popular de Yule. Comenzaremos con la que rodea el nacimiento del Sol por Sunna, la diosa eterna del Sol, y mencionaremos su paralelismo con el nacimiento de Jesucristo en el cristianismo moderno. A continuación, contaremos la fascinante historia de la batalla entre el Rey Roble (portador de la luz y soberano del verano) y el Rey Acebo (comandante de la oscuridad y el invierno). A continuación, nuestro debate abordará el tema folclórico de la Caza Salvaje y su significado en el contexto del solsticio de invierno. Para terminar, profundizaremos en cómo varias deidades de distintas tradiciones encuentran su lugar en los orígenes de la Yuletida, entre ellas Odín, Saturno y Krampus.

El nacimiento del Sol

La dualidad entre la luz y la oscuridad es un patrón fundamental en la tradición antigua. Concretamente, la transición de una a otra es a menudo el motivo subyacente de la celebración religiosa popular. En el contexto del solsticio de invierno, tal y como se observaba en la era precristiana, el paso de la oscuridad a la luz es precisamente de lo que trata la festividad de Yule. Es un periodo de cambio y renovación estacional, que honra la bienvenida del sol y el alargamiento de los días hasta el verano, que en el hemisferio norte significa calor, cosechas abundantes, esperanza, consuelo y buena salud para todos los antiguos y sus familias. Esta dualidad explica notablemente por qué tantos grupos a lo largo de la historia, desde los egipcios hasta los celtas, tenían al sol en tan alta estima e incluso le rendían culto.

El nacimiento del sol es un aspecto definitorio de Yule tal y como se ha celebrado durante milenios. En su núcleo se encuentran las antiguas creencias paganas celtas, la historia del renacimiento del dios Sol, una alegoría del sol que traería la iluminación al mundo tras meses de oscuridad y penurias. Cada año, en el solsticio de invierno, la diosa del Sol resurgía del Inframundo y daba a luz a un hijo que se convertiría en el nuevo dios o rey del Sol. El dios Sol maduraba y seguía creciendo durante el nuevo invierno y la primavera, con el sol saliendo de nuevo hacia el norte, simbolizando la rica fertilidad que traía consigo. En el punto álgido de la estación de crecimiento, cuando las flores florecen y los cultivos maduran para la cosecha, el hijo fuerte y apuesto se convertía en el amante de su divina madre. Se comprometieron románticamente y más tarde se aparearían. A partir de ese momento, el dios Sol envejeció y se debilitó a medida que se explotaban los cultivos para el sustento hasta que finalmente murió y el sol volvió a favorecer al sur. En el siguiente solsticio de invierno, Sunna daría a luz a su hijo, que sustituyó a su padre-hermano y se convirtió en el nuevo dios Sol. Y así sucesivamente. Según las creencias de los antiguos celtas, este ciclo perpetuo de nacimiento y muerte define el renacimiento anual del sol, que sigue influyendo en varias tradiciones siglos después.

Aunque el cristianismo apareció mucho más tarde, podemos establecer ciertos paralelismos entre la historia del renacimiento perpetuo del sol y el nacimiento del Mesías. El parecido más obvio es que ambos acontecimientos ocurren aproximadamente en el mismo periodo del solsticio de invierno, cuando los días son más cortos y escasea la luz diurna. Posiblemente esto indique un tiempo de renovación y revigorización muy necesario para los creyentes en términos de simbolismo. Mientras que Jesucristo nació de un parto inmaculado de la Virgen María, el dios Sol fue esencialmente producto del incesto, una práctica muy extendida y aceptada en los panteones de la época. A pesar de esta gran diferencia en la concepción, ambas historias de nacimiento tienen una dimensión sobrenatural como pilar de estas respectivas fes.

Además, las representaciones documentadas del Mesías como Salvador y Luz del Mundo (según el Nuevo Testamento) refuerzan aun más los lazos simbólicos entre la llegada de Cristo y el nacimiento del dios Sol en la tradición antigua. Demuestra que, a pesar de la evolución de las tradiciones y el sincretismo, el sol como representación celeste de la renovación en la Tierra ha sido parte integrante tanto de los sistemas de creencias religiosas como del folclore a lo largo de los tiempos. Se pueden observar relatos similares con el dios salvador persa Mitra y Hércules, el legendario héroe griego. Sus doce trabajos agotadores simbolizaban el movimiento del sol a lo largo del año por el zodíaco.

Los dos reyes

Desde un punto de vista mitológico, la historia de los Dos Reyes ilustra una vez más la feroz y eterna batalla entre la oscuridad y la luz, el propósito subyacente de Yule. En aquella época, los reyes eran los máximos comandantes de la autoridad en el reino de los mortales, lo que explica por qué aparecían a menudo en las leyendas antiguas. En la mitología druídica concretamente, la dualidad luz-oscuridad oponía los periodos del año creciente (del verano al invierno) y el año menguante (del invierno al verano), sobre los que gobernaban dos reyes hermanos, hijos eternos de la Diosa. Su enfrentamiento bianual es un tema de representación común en los festivales y rituales paganos hasta nuestros días. Cuenta una historia de ciclos vitales, crecimiento, muerte y renovación, todo ello acompasado por las poderosas revoluciones del sol que alteran la vida.

El Rey Roble, que gobierna durante el año creciente, asume el liderazgo al comienzo del solsticio de invierno. Es una representación de la nueva luz y la vida. Símbolo juvenil de salud, vigor, desarrollo e innovación, lucha y derrota a su adversario cortándole la cabeza durante una batalla anual que se celebra en Yule. Su victoria marca el comienzo del invierno y el alargamiento de los días, trayendo calor y fertilidad hasta que alcanza su punto álgido a mediados del verano. Por el contrario, el Rey Acebo es la encarnación de la oscuridad y la muerte. Su reinado se considera un tiempo para el aprendizaje, la reflexión, la contemplación y la deliberación. Su reinado dura todo el año menguante, comenzando en Litha, el solsticio de verano, cuando la luz del día se hace más escasa y sobreviene la incertidumbre debido a las hambrunas generalizadas. En otra batalla anual, conquista al Rey Roble y gobierna durante seis meses hasta el siguiente Yule. El ciclo se repite entonces. (Otros relatos afirman que los hermanos simplemente "entregan" su vida y compiten por los favores de la diosa madre Sol y, en última instancia, son los mismos). Por lo tanto, Yule nos permite aprender las lecciones de nuestras experiencias, encendiendo velas y hogueras para empezar de nuevo mientras lo celebramos con un banquete festivo y generoso que dura 12 o 13 días.

Otra variante menos conocida pero bien documentada de esta historia se encuentra en otra mitología del norte de Europa. En esta ocasión, la rivalidad entre los hermanos dio paso a una caza ritual de animales. Según la tradición irlandesa, el pequeño rey del año menguante adopta la forma de un chochín (un pájaro pequeño pero inteligente). Como presa, se esconde en un arbusto de hiedra (o acebo) para escapar de sus depredadores. Muy pronto, el rey del año creciente, personificado como un petirrojo esperanzado, lo encuentra y lo mata, dando paso a la nueva y pródiga estación invernal. Cada seis meses, la caza se repite hasta que uno mata al otro, perpetuando el ciclo luz-oscuridad ad vitam æternam ('hasta que venga el reino').

La caza salvaje

La leyenda de la Caza Salvaje es uno de los temas más comunes del folclore europeo. Aunque recibe muchos nombres y se cita sobre todo en las antiguas culturas germánica (Wilde Jagd, Wütende Heer) y nórdica (Oskoreia, Odensjakt), la historia se extendió rápidamente al resto del continente, desde España hasta las zonas orientales de Europa. Incluso encontramos diversos relatos hasta Quebec. Generalmente se considera que la Caza Salvaje anuncia catástrofes y se cree que precede a acontecimientos dramáticos como guerras, hambrunas y plagas, y que es un presagio de caos y muerte. Aunque no es la única interpretación, difumina la línea que separa a los vivos de los muertos.

Imagínese perdido en un bosque en una noche fría y tormentosa en pleno invierno. Contempla el cielo oscuro y es testigo de un espectáculo mórbido y escalofriante. Sobre usted cabalga una horda de cazadores espectrales y sus feroces sabuesos, pájaros, valquirias, elfos, hadas y otras criaturas sobrenaturales, dirigidos por una fantasmal figura mitológica. El aullido del viento es ensordecedor. Cualquiera lo bastante desafortunado como para cruzarse en su camino o que se atreva a dirigirse a ellos está destinado a la perdición o a algo peor. A veces, le secuestrarán, le transportarán lejos y le dejarán en algún lugar desconocido, consciente o no. A veces decidirán alistarle en sus filas y llevarle al Inframundo, donde le aguardan grandes peligros. La siniestra procesión también puede causar estragos en pueblos y hogares, robando comida y cerveza y aterrorizando a los lugareños. Según los temas comunes, estos espíritus vagabundos nocturnos eran almas muertas condenadas a vagar como forma de purgarse de sus pecados mortales y malas acciones.

Ahora bien, ¿quién puede ser el líder de esta temible tripulación? Si hemos de creer los cuentos populares, la Cacería Salvaje está liderada por varios personajes míticos, reyes, figuras históricas y héroes. En el folclore alemán, la comitiva está comandada por el dios Wotan y sus hombres lobo. En lugar de atacar a transeúntes inocentes, saqueaban pueblos y sembraban el caos. Más al norte, en Escandinavia, la cacería se conocía como la cabalgata de Asgard y estaba dirigida por Odín (Odinn). Aunque rara vez se le veía, su paso era reconocido por los ladridos de sus feroces perros. Una historia cuenta que Odín vagaba por los cielos nocturnos en un carro tirado por bueyes y que uno debía arrojarse al suelo para evitar ser arrebatado o herido. A principios de la Inglaterra medieval, la Cacería Salvaje se presentaba como una partida demoníaca, pero más tarde se romantizó y se dijo que estaba dirigida por hadas. Entre sus líderes destacaban el rey Arturo, el rey Herla, Herne el Cazador, Nuada y Edric el Salvaje. En Gales, la leyenda cuenta que Gwyn ap Nudd, gobernante del Inframundo, estaba a cargo de la procesión nocturna. Por último, en la mitología irlandesa, la Cabalgata de las Hadas, como se la conoce localmente, estaba comandada por conocidos héroes mitológicos.

Sin embargo, originalmente el mito contaba con un dios y una diosa que dirigían una cacería de visitas a tierras cercanas durante la festividad sagrada. Traían bendiciones y también aceptaban ofrendas de la población local. Se dice que las dos deidades que cabalgaban por el cielo podían ser oídas a pesar del aullido del viento, pero por alguna razón, más tarde se las conoció como una malintencionada jauría de engendros. Esta versión inicial de la leyenda nos permite vincular el significado de la Caza Salvaje al solsticio de invierno, que, como sabemos, promete el retorno de la luz contra la oscuridad. La procesión se considera una alegoría de las fuerzas salvajes de la naturaleza que traen la marea purificadora del año, limpiando todo lo indeseable y dejando paso a la nueva vida. Por esta razón, la Cacería Salvaje encaja perfectamente en el sello del solsticio de invierno como momento de renovación, transformación y cambio. Nos enseña a desprendernos de todo lo que nos retiene para empezar de nuevo, prosperar en la próxima estación y seguir repitiendo este ciclo.

Deidades de Yule

El Yuletide ciertamente no existiría sin la intervención divina de varias deidades. Esta sección final abarca algunos de los dioses y diosas más relevantes en todas las tradiciones europeas, desde la cultura nórdica antigua hasta la Wicca. Investigaremos su influencia simbólica y cómo se relacionan con Yule a través de sus respectivas mitologías. Sus retratos proporcionarán muchas pistas sobre los fascinantes cuentos populares de esta fiesta centenaria y ayudarán a trazar interesantes paralelismos con la Navidad actual.

Odín

También conocido como Jólfaðr ("Padre de Yule") y Jólnir ("Maestro de Yule") en nórdico antiguo, Odín es el dios de los muertos, la guerra, la creatividad y la sabiduría. Predomina en las mitologías anglosajona y nórdica, llevando numerosos nombres y adoptando diversas formas según los relatos locales. Como una de las deidades más célebres de la época navideña, se le considera el precursor del actual Papá Noel. En marcado contraste con este último, Odín es representado comúnmente como un viajero delgado, viejo y de barba blanca que viste una capa con un amplio sombrero o capucha sobre la cabeza. Su rostro está cubierto de misterios y no parece demasiado accesible. Como se menciona en la leyenda de la Caza Salvaje, Odín vagaba por el ventoso cielo nocturno de los Nueve Mundos en busca de conocimiento y sabiduría. Junto a él viajaban manadas de dioses, bestias y otros espíritus y criaturas que se enfrentaban a gigantes de hielo y combatían heroicamente a las fuerzas oscuras. Era conocido sobre todo por pilotar un caballo de ocho patas llamado Sleipnir. La deidad castigaba a los que provocaban su ira y colmaba de regalos y buena fortuna a los que favorecía. En oposición a muchas representaciones cristianas, los nórdicos conocían a Odín como un dios generoso y benevolente que concedía a la humanidad valiosos regalos durante el invierno. Dadas estas asociaciones, Odín desempeña un papel definitorio en las creencias de Yule.

Saturno

Saturno era el dios de la agricultura
https://pixabay.com/images/id-2326787/

Aunque el sexto planeta del sistema solar pueda venir inmediatamente a la mente, Saturno fue inicialmente una deidad del panteón romano. Era el dios de la agricultura, celebrado con ocasión de una fiesta pagana a mediados de diciembre conocida como Saturnalia. Esta era quizá la fiesta más popular del calendario romano, profundamente arraigada en las leyendas del solsticio de invierno. Al igual que otras deidades definitorias, el dios Saturno es honrado con banquetes, bebida, intercambio de regalos y un espíritu de alegría colectiva para celebrar las cosechas fructíferas. Durante esta fiesta de una semana de duración, se intercambiaban los papeles y los esclavos se convertían temporalmente en amos. El símbolo que había detrás era, sin duda, humillar a los poderosos y dar poder a los desvalidos. Así que, de nuevo, el tema del cambio de estación y la bienvenida a una nueva luz tras la aparición de los peligros de la oscuridad.

Cailleach Bheur/Beare

En la antigua tradición escocesa e irlandesa, esta diosa es más comúnmente conocida como Beira. También recibe el título de Reina del Invierno. El reinado de esta deidad femenina comienza a finales del otoño, cuando la luz del sol es más escasa y la tierra infértil, y termina poco antes del solsticio de verano. A menudo se la representa como una anciana tuerta que trae tormentas y estragos. Su aparición durante Yuletide explica su asociación con el festival y el solsticio de invierno. Ella purgaría el mundo de toda fragilidad y defectos para permitirle empezar de nuevo en la estación venidera.

Frau Holle

Según los mitos y leyendas escandinavos, Frau Holle es la diosa que simboliza la estación de Yule, las plantas perennes, la noche y las nevadas. También se la suele asociar con el renacimiento y la fertilidad. Frau Holle es representada a menudo cabalgando por el cielo oscuro, conduciendo su carro y acompañada por diversas criaturas. Por si las similitudes entre ella y Odín aun no estuvieran muy claras, también se sabe que visita las casas para repartir bendiciones divinas a aquellos a los que favorece.

Thor

En la cultura popular actual, el nombre de Thor suele invocar imágenes de superhéroes y guerreros que matan titanes. Originalmente, Thor era un dios de la mitología escandinava e islandesa. Muchos cuentos populares lo describen como un dios benévolo y protector con un carácter divertido y jovial. Su conexión con Yule se debe principalmente a sus preciadas cabras, que transportan a los duendes cuando van de casa en casa, repartiendo regalos a los aldeanos. Se puede establecer un paralelismo entre las representaciones actuales de los renos y las cabras de Thor, que en la celebración de Yule son animales de paja decorativos.

El dios cornudo

Según la Wicca moderna, Yule se celebra anualmente en el solsticio de invierno para honrar el renacimiento del dios Cornudo, una alegoría del sol naciente del solsticio. Como dios de la caza, su conexión con el mito de la Caza Salvaje no deja lugar a dudas sobre sus vínculos con Yule. El dios Cornudo también se asocia típicamente con lo salvaje, la sexualidad y el ciclo vital. A menudo se le representa con una cabeza de bestia con cuernos o astas, lo que refuerza aun más la asociación con el invierno y sus peligros.

Krampus

Por último y de forma similar, la figura del Krampus, que técnicamente no entra en la categoría de deidad, es una de las temidas por todos los niños en esa época del año. Originario del folclore alpino, el Krampus es una figura peluda y con cuernos parecida a una bestia que aparece durante la época navideña para asustar a los pequeños que se han portado mal y castigarlos con varas de abedul. A veces acompaña a San Nicolás, personaje del folclore europeo y patrón de los niños, a principios de diciembre en lo que se conoce como Krampusnacht (Noche del Krampus) en la tradición germánica. Encontramos diversas variaciones de esta figura bestial en regiones de Alemania y Austria.

En definitiva, las historias y cuentos populares que rodean la tradición de Yule son abundantes. Abarcan muchas tradiciones y costumbres de todos los rincones de Europa y más allá. Culturas de todo el mundo siguen observando esta época del año honrando a deidades únicas y participando en multitud de rituales. Como hemos visto en este capítulo, la fiesta de Yule honra el regreso del sol y el alargamiento de los días del solsticio de invierno, simbolizando el renacimiento y la renovación. Es una época de celebración y hospitalidad en la que las comunidades de fieles se reúnen para festejar, beber y hacer ofrendas o sacrificios a sus deidades favoritas.

Como ilustran estas historias fundacionales, los dioses y diosas mitológicos desempeñan un papel central en las leyendas de Yuletide. Ya traigan la luz o siembren el caos, hagan regalos o inflijan castigos, su simbolismo es una gran parte de lo que Yule representa hasta hoy. Ahora bien, aunque hacer un seguimiento de todos ellos no es ciertamente una tarea fácil, a medida que vaya investigando, empezará a ver cómo surgen patrones y paralelismos entre las distintas tradiciones. Una vez cubierta la sabiduría popular de Yule, el próximo capítulo le presentará las manualidades y decoraciones tradicionales de Yule, para que pueda celebrar Yuletide y honrar a los dioses como debe ser.

Capítulo 3: Artesanía y adornos de Yule

Las manualidades y costumbres tradicionales de Yule son comunes entre las distintas culturas debido a su amplio reconocimiento durante la Navidad. El árbol de Yule se utiliza para decoraciones y otras actividades como colgar la corona para celebrar esta época tan especial. En este capítulo, le explicaremos las medidas que puede tomar para celebrar la tradición de Yule de forma pagana y exploraremos el simbolismo espiritual pagano del Árbol de Yule y la corona de Yule. También estableceremos paralelismos con el simbolismo cristiano de estas costumbres particulares.

Además, le explicaremos cómo puede crear diversos adornos paganos para añadir al árbol. También ofrecemos instrucciones paso a paso para crear y decorar coronas de Yule y cómo colgarlas. Por último, nos centramos en las plantas y árboles que producen materiales verdes utilizados a menudo para los adornos paganos.

El árbol de Yule

El árbol de Yule, también conocido como árbol de Navidad, suele decorarse para conmemorar una ocasión especial en muchas culturas. Este árbol es una especie de conífera de hoja perenne como el abeto, el pino, el enebro o el cedro. La tradición de utilizar este árbol para las celebraciones tiene sus raíces en antiguas civilizaciones de Europa, Oriente Medio y Asia. La costumbre moderna se popularizó en el siglo

XIX. El árbol de Yule suele decorarse con colores brillantes y luces que simbolizan acontecimientos religiosos, espíritus de difuntos y objetos estelares.

En EE.UU. y otros países, encender el árbol de Navidad es un acto anual con el que se celebran las fiestas navideñas. El árbol se decora con luces de distintos colores y su encendido marca el comienzo de la temporada festiva.

El árbol de Yule también se considera un símbolo crucial en la tradición pagana. Entre los primeros paganos, representaba el Árbol del Mundo o Árbol de la Vida. Durante la antigüedad, la gente solía decorar el árbol con los regalos que esperaban recibir de los dioses. Normalmente se decoraba con adornos naturales como bayas, piñas, diferentes frutas y otros símbolos sagrados para las diosas y los dioses. Alrededor de los árboles se colgaban bayas y palomitas para que los pájaros pudieran alimentarse.

Simbolismo espiritual pagano del árbol de Yule y la corona de Yule

Yule tiene sus orígenes en las tradiciones europeas, especialmente en las germánicas precristianas. Cuando las noches se hacían más largas y los días más fríos, los antiguos se reunían alrededor de hogueras y encendían velas para atraer de nuevo al sol. También sacaban la comida para disfrutar de las festividades, a menudo acompañadas de bailes y canciones, y la gente también se enorgullecía de decorar sus hogares. Estas tradiciones de Yule son similares a las actuales celebraciones navideñas. Las siguientes son tradiciones comunes de Yule diseñadas para acompañar las celebraciones de fin de año.

El tronco de Yule

Construir un altar de Yule

El altar de Yule es un componente importante del solsticio de invierno, y su propósito es honrar el regreso del sol. Una vela es crucial en el altar, ya que simboliza el sol. El altar también debe tener símbolos invernales como cedro, ramas de hoja perenne, coronas y piñas. Utilice hierba dulce o salvia para limpiar el altar.

Coronas

En la antigüedad, las coronas eran elementos tradicionales que simbolizaban la rueda o la finalización de un ciclo. Se utilizaban árboles de hoja perenne para hacer coronas y se decoraban con bayas y piñas.

Se colgaban en distintos lugares de la casa como decoración. Las coronas también se regalaban para simbolizar la amistad, la buena voluntad y la alegría.

Campanas

Las campanas se hacían sonar por la mañana durante el solsticio de invierno para eliminar los demonios que pudieran haber surgido durante los periodos oscuros del año. También anuncian los días más luminosos y cálidos que trae el solsticio.

Villancicos

Los villancicos eran otra tradición común de Yule que los niños observaban a través del canto para honrar el Solsticio de Invierno. Los niños se desplazaban por el pueblo cantando y los aldeanos les daban dulces y otras muestras de agradecimiento. Los pequeños regalos simbolizaban los alimentos proporcionados por la Diosa Madre.

Siemprevivas para Yule

Los árboles de hoja perenne se utilizaban como símbolos de renovación, vida y renacimiento. Se creía que poseían poder sobre la muerte, ya que siempre eran de hoja perenne y su color nunca se desvanecía. Se utilizaban para detener la muerte y la destrucción y derrotar a los demonios del invierno. Las plantas perennes también alentaban el regreso del sol. Para Yule se utilizan varios símbolos de la naturaleza, como el roble, el acebo, la hiedra, el muérdago, el laurel, el incienso, el cardo bendito, la salvia, el pino y el cedro amarillo.

Otros símbolos de Yule

Para Yule se utilizan diferentes alimentos, como frutas, pasteles, pan de jengibre, sidra especiada, frutos secos, bayas, pavo, platos de cerdo, té de jengibre, ponche de huevo y wassail. Los colores habituales de Yule son el rojo, el verde, el blanco, el dorado y el plateado. El blanco simboliza la pureza, mientras que el verde representa al rey roble creciente y el plateado a la luna. El oro simboliza el sol y el calor.

Similitudes con el simbolismo cristiano de estas costumbres

El cristianismo copió muchos aspectos de los festivales de invierno paganos, como los 12 días de Navidad. Los festivales paganos suelen durar 12 días, y Yule conecta fuertemente con el 21 de diciembre. Yule tiene una fuerte historia cultural, y se celebra junto con la Wicca actual. Yule todavía se refiere a la Navidad en las regiones nórdicas, y se cree que la fiesta es de origen nórdico o germánico. Se celebró durante varios siglos antes de la creación de la Navidad por los cristianos en el siglo XI d. C. La Navidad pretende celebrar el nacimiento de Cristo, mientras que Yule se utilizaba para honrar a los espíritus de la tierra, los antepasados y los dioses. La gente pedía protección al mundo espiritual durante los meses más fríos. Yule también se utilizaba para celebrar el año pasado y los nuevos comienzos.

Los cristianos adoptaron varias tradiciones de los pueblos paganos que conquistaron cuando difundieron su religión para atraer a más gente a unirse al cristianismo. También decidieron celebrar el nacimiento de Cristo durante el mismo periodo del año que Yule. Durante sus primeros días, los cristianos no querían que la fiesta de Navidad se asociara con Yule ni que se practicaran otras tradiciones paganas, ya que se asociaban con fuerzas oscuras. Los cristianos impusieron su religión para conseguir el dominio sobre otras culturas. La idea de la Navidad pagana es noble, ya que pretende celebrar la nueva luz, la esperanza y la buena fortuna que trae el año. Muchas personas de los países nórdicos están recuperando sus antiguas tradiciones paganas y de Yule tras darse cuenta de que no son demoníacas ni malignas. Aunque se hizo un esfuerzo por demonizar el sistema de creencias pagano, Yule y la Navidad comparten varias cosas en común.

Como resultado de la historia compartida de Yule y la Navidad, se han adoptado varias tradiciones paganas en las celebraciones modernas de la Navidad. Las tradiciones de Yule incluían principalmente banquetes y el establecimiento de mejores intenciones para servir a los dioses en el próximo Año Nuevo. Sin embargo, estas se han transformado en celebraciones navideñas y propósitos de Año Nuevo. El árbol de Navidad, los villancicos y la ofrenda de regalos son algunas prácticas de origen pagano.

Las tradiciones paganas y la Navidad comparten muchas cosas, como la decoración del árbol de Navidad en torno al 21 de diciembre. Los árboles de Yule se recogían y decoraban con velas y otros adornos para simbolizar el sol, las estrellas y la luna y también se utilizaban como recuerdo para los difuntos. Las velas se utilizaban principalmente para celebrar el regreso del sol y su luz. Las velas se siguen utilizando en la celebración de las fiestas navideñas.

En resumen, la Navidad es para el cristianismo, mientras que Yule celebra la Rueda del Año. Sin embargo, varias religiones han adoptado rituales paganos, por lo que los cristianos se decantaron por el 25 de diciembre para celebrar el nacimiento de Jesucristo. De ahí que la ocasión coincida con festivales paganos que honran a los dioses paganos.

Cómo crear adornos paganos

Se pueden añadir varios adornos paganos a un árbol de Yule para la festividad del solsticio de invierno. A continuación le presentamos algunos adornos que puede colgar en su árbol de Yule.

Adornos mágicos

Puede crear diferentes cosas utilizando masa de sal, como los adornos del Sabbat. Necesita utilizar un cortador de galletas para hacer estos objetos mágicos y fijarlos a su árbol. Los adornos con hechizos de canela son ideales para su proyecto de festividades mágicas. La canela huele y sabe bien y se ha utilizado con diversos fines. Por ejemplo, los romanos la quemaban durante las ceremonias funerarias, ya que se creía que el olor que producía era sagrado y agradaba a los dioses.

Cuando diseñe un adorno, escriba en él un símbolo de su intención utilizando un palillo. Además, considere elementos naturales de la naturaleza como su decoración. Cosas sencillas como plumas, semillas y bellotas son fáciles de utilizar, y puede hacer muchas cosas interesantes con ellas. Los tallos de chenilla pueden utilizarse para crear adornos con limpiapipas, que son fáciles de usar. Para cada pentáculo, necesita tres tallos de chenilla que sean fáciles de doblar. Así, una vez que enseñe a sus hijos, podrán encargarse de la tarea. También puede utilizar adornos rellenables de plástico o cristal para crear hechizos que podrá colgar en su árbol de Yule.

Estrellas de pentagrama

Los símbolos del pentagrama tienen significados espirituales y puede añadirlos a su árbol de Yule. Utilice papel para doblar estrellas, madera o hilo. Estos símbolos representan la luna, la luz y el sol y son opciones estupendas que puede añadir a su árbol. También puede utilizar adornos de orbes y velas de imitación, ya que representan la energía solar.

Saquitos de hierbas

Los saquitos de hierbas incluyen el uso de retazos de tela, dando a su hogar un aroma increíble. Se trata de simples bolsitas o saquitos de tela rellenos de diversas mezclas aromáticas de flores, hierbas y otras golosinas de agradable olor. Elija para crear sus saquitos de hierbas plantas sagradas comúnmente asociadas con el árbol de Yule, como el acebo, el muérdago o la siempreviva.

Símbolos solares

El solsticio de invierno marca el regreso del sol, así que puede utilizar diferentes símbolos solares para decorar su árbol navideño. También es una forma maravillosa de pasar tiempo de calidad con sus hijos haciendo estos adornos. Utilice cartulina y platos de papel para hacer símbolos sencillos, o compre discos de madera en su tienda local de manualidades y píntelos de naranja o amarillo brillante. Otra forma de crear estos símbolos es utilizando plastilina o pasta de sal.

Bolas de bruja

Estas hermosas bolas están especialmente pensadas para proteger su hogar y a sus habitantes de cualquier daño. Obtendrá protección y buena suerte cuando haga una bola de bruja cada año. Aunque puede colgar una bola de bruja en cualquier sitio, un árbol de Yule es un lugar apropiado. Algunas personas utilizan bombillas transparentes que proporcionan un brillo luminiscente y las llenan de hierbas y flores. También puede añadir cualquier cosa significativa como una runa o una nota personal.

Símbolos de fertilidad

Aunque el neopaganismo rara vez asociaba Yule con la fertilidad, las primeras sociedades precristianas vinculaban la fertilidad con el solsticio de invierno. Celebraban ritos de fertilidad bajo el muérdago, y el concepto de *wassailing* también tiene su origen en las actividades europeas precristianas. Se pueden colgar diferentes objetos como copas, cuernos y huevos para rendir homenaje a las deidades de la fertilidad. Sin embargo, no suelen honrarse hasta Beltane.

Ojos de Dios

Los ojos de Dios son manualidades versátiles y una de las más fáciles de hacer, ya que puede utilizar cualquier color. Para sus manualidades de Yule, créelos en verde, rojo, blanco o dorado. Los palitos de canela son estupendos para estas manualidades, ya que proporcionan el aroma de la estación. Los objetos naturales también son perfectos para decorar su árbol. Puede recoger plumas, ramitas, bellotas, bayas, corteza y piñas para colgarlas en su árbol. Se cree que son regalos naturales y que proporcionan suerte y un escudo protector contra cualquier daño.

Haga una corona de Navidad de hoja perenne

Las coronas son adornos ornamentales asociados a la Navidad y suelen hacerse con ramitas, hojas perennes o flores organizadas en forma de anillo. Construir una corona utilizando árboles de hoja perenne de invierno como el enebro, el abeto, el cedro y el pino es una forma estupenda de honrar la estación. Los árboles de hoja perenne se asociaban con la prosperidad y la protección en las antiguas culturas paganas, lo que los convierte en opciones populares para celebrar el fin de año.

A lo largo de los años, se han creado innumerables coronas que se cuelgan sobre las chimeneas y se utilizan para adornar puertas y paredes. Estas coronas se fabrican con diversos materiales, como verdes naturales, piñas, paja, filtros de café, arándanos frescos y adornos navideños. Aunque las coronas se asocian comúnmente con la Navidad, son una decoración estupenda durante todo el año. Una puerta con una corona de piñas parece acogedora y cálida, mientras que las coronas de arándanos en invierno proporcionan un colorido contraste con los árboles desnudos y el cielo blanco.

Los capullos de rosa satinados que forman las coronas envueltas en cintas añaden finos detalles a los eventos primaverales. En verano, se pueden recoger conchas marinas de distintos tamaños y formas y utilizarlas para decorar diversos lugares de su casa. Las opciones para fabricar nuevas coronas son infinitas.

Cómo hacer una corona de hierbas

Corona de hierbas
https://www.pexels.com/photo/wreath-of-grass-on-lilac-background-7195270/

Si desea hacer una corona de juncos, reúnalos, compruebe si el tamaño es el adecuado y utilícelos para formar la base. Guarde un recipiente con distintos materiales para hacer coronas, de modo que pueda experimentar con diversas herramientas. Si utiliza vegetación, utilice alambre floral de diferentes calibres, así como cinta adhesiva de distintos colores, alfileres florales, cordel, pegamento para manualidades y alfileres para formar la corona. Utilice tijeras de podar para dar forma a su follaje, y corte el alambre y dele forma utilizando tijeras de alambre. También necesitará unos alicates de punta para llegar a las grietas más estrechas.

Doble sus ramitas o juncos y cree cierta flexibilidad utilizando el alambre elegido. Ate los materiales y fíjelos con alambre. Junte los dos extremos y utilice más alambre para asegurarlos entre sí. Asegúrese de hacer varias vueltas con el extremo del alambre alrededor de la corona y apriete la torsión. Cuando haya dado forma a la corona, puede añadir distintos materiales para decorarla. No existe una fórmula estricta para hacer una corona, así que cree cualquier cosa que se adapte a sus necesidades.

Colgar una corona

Puede exponer su corona en la puerta de entrada para que todos la vean. Asegúrese de evitar crear antiestéticos agujeros en las paredes o en las superficies de madera. Utilice una cinta resistente o un monofilamento para suspender la corona en su puerta. El uso de la cinta proporciona un aspecto llamativo y brillante. Cuelgue la corona a la altura deseada. Un hilo de pescar también es ideal para conseguir un aspecto impecable y que no se vea cuando cuelgue la corona. También puede utilizar para su proyecto herrajes para colgar, como ojos de tornillo, anillas en D, ganchos para cuadros y clavos.

Los ganchos magnéticos y de comando son ideales para colgar su corona en el lugar que prefiera. Una percha ajustable para coronas también puede colgar la corona en su puerta. Si desea colgar una corona pesada con una cinta, fije primero un alambre capaz de soportar el peso y, a continuación, coloque una cinta encima para decorarla. Colgar una corona no tiene nada de especial, ya que puede aplicar cualquier fórmula que considere necesaria.

Otros símbolos importantes de Yule

Además de las coronas, considere otros símbolos esenciales de Yule como la cabra de Yule, utilizada habitualmente como símbolo y tradición navideña en las regiones escandinavas y del norte de Europa. Como se comentó en el capítulo uno, tiene su origen en el paganismo germánico, y las cabras de Yule modernas son representaciones creadas con paja. La celebración de la cabra de Yule está relacionada con el dios nórdico Thor, que cabalgaba en un carro tirado por dos cabras, *Tanngnjostr* y *Tanngrisnir*, hacia el cielo. Los granos de la última gavilla de una cosecha también se agrupaban y se les atribuían propiedades mágicas y se guardaban para las celebraciones de Yule, en las que la cabra de Yule también ocupaba un lugar destacado.

La cabra de Yule también está relacionada con otras tradiciones, como la gavilla de maíz. En Suecia se la considera un espíritu invisible y aparecía antes de Navidad para asegurarse de que los preparativos de Yule se realizaban correctamente. Cualquier objeto de paja o madera tallada podría considerarse la cabra de Yule. En las comunidades escandinavas, una broma navideña popular consistía en coger una cabra de Yule y colocarla en casa de alguien sin que se diera cuenta, y la familia bromeada utilizaba el mismo método para deshacerse de ella.

El propósito de la cabra de Yule ha cambiado a lo largo de la historia. En la costumbre escandinava, al igual que en la tradición inglesa del wassailing, que se celebraba durante la Navidad o la Epifanía, los jóvenes se vestían con disfraces y se paseaban realizando bromas, obras de teatro y cantando canciones. Esta tradición era común en el siglo XVII y continúa en ciertas zonas. Los personajes solían incluir una cabra de Yule que daba miedo y a veces exigía regalos.

La cabra de Yule es conocida como el mejor adorno navideño en los países nórdicos. La versión moderna de la cabra de Yule es una figura decorativa hecha de paja y atada con cintas rojas. Esta cabra se encuentra a menudo sobre o bajo el árbol de Navidad. En pueblos y ciudades, la versión más grande del adorno de la cabra de Yule se erige estratégicamente. Esta práctica comenzó en la década de 1960 y sigue observándose en diferentes lugares.

Fiestas de Yule

Las fiestas de Yule son símbolos significativos, ya que pretenden celebrar la Rueda del Año. Es el momento ideal para que la gente de distintos lugares invite a familiares y amigos a una mesa con sus platos festivos favoritos en honor a las tradiciones paganas. Los platos consisten principalmente en alimentos de temporada conservados en meses anteriores o los cosechados en invierno a pesar de las heladas.

Diferentes alimentos se asocian con Yule. Por ejemplo, las especias ardientes, como el clavo, el jengibre, la canela y la cúrcuma, simbolizan el calor del sol que reaparece. Además, las hortalizas de raíz como zanahorias, remolachas, patatas, chirivías y nabos se incluyen en los festines, ya que pueden resistir las heladas. Las hortalizas de raíz aun pueden cosecharse en condiciones de helada. Las frutas en conserva y secas también se incorporan a diversos platos de Yule. Las calabazas de invierno son componentes esenciales de la mesa de Yule. Pueden cosecharse en otoño y suelen conservarse durante todo el invierno.

La mayoría de las festividades de Yule se acompañan de alcohol. Las bebidas fermentadas suelen elaborarse en los meses más cálidos y madurarse para preparar los banquetes. La cerveza, el vino y el hidromiel son las bebidas alcohólicas habituales que se utilizan para calentar los banquetes del solsticio. *Wassailing* es otra tradición que se celebra para bendecir los árboles frutales que elaboran el alcohol.

En este capítulo, hemos cubierto una variedad de artesanías y decoraciones de Yule que pueden utilizarse para las celebraciones de Navidad y del solsticio de invierno. El próximo capítulo se centra en los árboles y plantas que producen materiales verdes utilizados para las decoraciones paganas. También destaca el significado de las velas de colores de Yule en los hogares de diferentes paganos, no solo de los wiccanos.

Capítulo 4: Árboles y plantas sagrados

Innumerables especies de flora han sido consideradas sagradas por innumerables grupos humanos a lo largo de los tiempos. Flora es el nombre de una deidad romana, diosa de la primavera, y de todas las plantas con flores que dan frutos y vegetación. Los árboles eran a menudo objeto de culto en las culturas antiguas. En otras ocasiones, representaban a dioses, diosas, deidades y cosas sagradas existentes. Eran médiums entre el adorador y lo adorado que habita en ellos. Representaban valores, rasgos, fenómenos naturales y conceptos metafísicos. Los árboles eran a veces metafísicos. Del mismo modo, las plantas y las flores han tenido muchos significados y sus diferentes cualidades dieron lugar a diversos simbolismos.

La esencia misma de los árboles y las plantas, el ciclo de su existencia, sus comienzos y sus finales, fueron contemplados por la humanidad, dando lugar a significados y símbolos similares compartidos por muchas culturas. Su crecimiento y la regeneración de sus hojas veían el nacimiento, la vida, el renacimiento y la inmortalidad. La muerte, la decadencia y la mortalidad se veían en su conclusión.

Estos mismos símbolos están en el corazón de las celebraciones de Yule. Yule es análogo al renacimiento, la transformación, la renovación y los nuevos comienzos. En muchas culturas antiguas, Yule celebra el renacimiento del sol, marcando el retorno de la luz y la proximidad de la primavera. Parece lógico que los árboles y las plantas sean símbolos recurrentes asociados a las celebraciones de Yule y Yuletide.

Árboles de hoja perenne

Árboles de Yule

La naturaleza cíclica de las plantas y los árboles no tiene fin. Las fuerzas de la naturaleza que se originan unas a otras invocan la vida continua y la inmortalidad, quizá el tema más importante del solsticio de invierno. ¿Qué mejor para representar esta vida eterna que los propios árboles que nunca pierden sus hojas ni su color verde?

El uso original de los árboles de hoja perenne en torno al periodo del solsticio de invierno se remonta a muchas culturas antiguas de Europa y de todo el mundo. En la antigua Roma, los templos se decoraban con árboles de hoja perenne, que simbolizaban la inmortalidad y la continuación de la vida, en honor a Saturno, el dios romano del tiempo, la riqueza y la agricultura. Los hogares también se decoraban con ramos y ramas de hoja perenne. Rodeaban sus hogares con lámparas para alejar a los malos espíritus de la oscuridad. Una tradición navideña común, el intercambio de regalos, también tenía lugar en las ceremonias. Estos rituales se conocieron como Saturnalia, la fiesta más popular y notable del Imperio Romano. Algunas de sus tradiciones sirvieron como precursoras de rituales y ceremonias posteriores en Europa.

Los árboles perennes eran símbolos muy poderosos de renovación, renacimiento e inmortalidad para los druidas celtas y los antiguos nórdicos. Los primeros relatos de árboles enteros talados y llevados a casa son discutidos, pero los vestigios figuran en muchas tradiciones celtas y nórdicas. Se adornaban con monedas, frutos secos y frutas para atraer la suerte, la fortuna y la fertilidad en la siguiente primavera.

Los árboles de hoja perenne eran venerados en la mitología nórdica. Los nórdicos veían en ellos la representación del dios del sol Balder, hijo de Odín y Frigg. Decoraban sus árboles con alimentos y pequeñas figuras talladas y runas. Los árboles de hoja perenne, muy abundantes en los bosques nórdicos, también les daban la promesa de una nueva vida y la llegada de una primavera fructífera. Los bosques, especialmente los llenos de árboles de hoja perenne, se consideraban lugares sagrados en la mayoría de las culturas germánicas y celtas del norte. Antes de las celebraciones de Yuletide, grupos de personas acudían a los bosques en busca de los mejores árboles que pudieran encontrar para el tronco de Yule.

Los árboles, las ramas, las plantas y las ramas de los árboles de hoja perenne ocupaban un lugar importante en las mitologías antiguas y dieron origen a tradiciones que siguen vigentes hoy en día. Algunas teorías también sugieren que el mítico "Árbol de la Vida" de los nórdicos, Yggdrasil, es un precursor de la tradición del árbol de Yule.

Para entender por qué los árboles de hoja perenne eran tan apreciados y tenidos en tan alta estima en las culturas nórdica y celta, debemos recordar que los inviernos del hemisferio norte suelen ser extremadamente oscuros y fríos. El único rayo de esperanza para mucha gente eran esos árboles de hoja perenne que se alzaban altos y verdes en medio de los bosques muertos y decadentes.

Luz sobre oscuridad

El poderoso simbolismo de los árboles y plantas de hoja perenne es uno de los aspectos que definen las celebraciones de Yule y Yuletide. El renacimiento del sol que se celebra señala el regreso de la luz y de días más luminosos que conducen a la primavera. Los árboles de hoja perenne, símbolos del renacimiento y la renovación, son un recordatorio de que la vida continuará, los días serán gradualmente más largos y la primavera acabará por apoderarse de la oscuridad del invierno, al igual que el año anterior y el anterior.

Durante los días oscuros del solsticio de invierno, se celebra el regreso gradual del sol y se recupera la esperanza de una primavera fértil. Aunque las historias en torno a árboles de hoja perenne concretos varían de una cultura a otra, estos mismos simbolismos clave se solapan entre muchas culturas y conforman la esencia del Yuletide.

Troncos de Yule

Como se mencionó en el capítulo uno, quemar el tronco de Yule es una tradición popular en todo el mundo que se remonta a miles de años. Este ritual también tiene sus raíces en las antiguas culturas europeas, concretamente la celta, la nórdica y la germánica. En el punto álgido del invierno, el día más oscuro del año, prendían fuego al tronco para expulsar a los espíritus oscuros y malignos. Con ello buscaban atraer la suerte, la fortuna, la protección y la fertilidad para la próxima primavera. Los árboles de los que se talaban los troncos se seleccionaban cuidadosamente. Querían que los troncos permanecieran ardiendo durante todo el periodo de pleno invierno, doce días. En muchas tradiciones locales del norte, se consideraba sobre todo un mal presagio y una señal de tragedia y tristeza venideras si el tronco dejaba de arder antes del final del pleno invierno. Otros creían que no encender un tronco desde el primer intento también traería mala suerte. Los troncos de Yule eran en realidad árboles enteros, talados, llevados a las chimeneas de las familias y, en algunas tradiciones nórdicas, quemados durante doce días. Dado que los árboles de hoja perenne son una extensa familia de árboles y plantas, durante el solsticio de invierno se utilizaban diversas maderas de hoja perenne para encender hogueras. Todas tenían diversos símbolos según las tradiciones y las culturas. Sin embargo, en su mayoría compartían los conceptos de protección contra el mal y la oscuridad.

- **El roble**

Roble
https://pixabay.com/images/id-2018822/

Estos árboles longevos son símbolos de resistencia, fuerza y sabiduría. Muchos mitos y leyendas están asociados al roble.

- **Acebo**

Además de la protección, los troncos de acebo están vinculados a visiones y revelaciones. Junto con el Roble, el acebo es altamente sagrado en muchas tradiciones europeas y fuente de algunos de los cuentos paganos más famosos.

- **Abedul**

El abedul es un poderoso símbolo de renacimiento y regeneración. En los densos bosques del norte de Europa, el abedul es de los primeros en recuperarse de las diversas catástrofes que pueden afectar a los bosques. También puede crecer en condiciones muy duras. Así pues, el abedul señala nuevos comienzos y una promesa de vida después de la muerte.

- **Tejo**

Venerado en las tradiciones germánicas, el tejo simboliza el envejecimiento, la muerte y la resurrección, considerado como el Árbol del Renacimiento por las antiguas culturas germánicas del norte.

- **Fresno (de hoja perenne)**

Estos árboles de crecimiento rápido, místicos y sagrados lo simbolizan todo, desde la vida y el renacimiento hasta la fuerza, el crecimiento, la salud y la curación. Están estrechamente asociados con muchos dioses y deidades y retratados en algunos de los mitos y alegorías más notables, en particular *Yggdrasil* o el alegórico Árbol de la Vida.

- **Árboles coníferos: Pino, Abeto, Cedro, Picea**

Estos árboles de olor agradable, proveedores durante mucho tiempo de calor, cobijo y energía refrescante, son admirados por sus capacidades reconstituyentes. Además de protección, son símbolos de curación, limpieza, alegría y esperanza, entre otras cosas.

Muérdago y acebo

Estos dos icónicos arbustos de hoja perenne son la raíz de muchas tradiciones populares, así como de antiguos mitos y tradiciones. Su importancia para las tradiciones de Yule es enorme, ya que conectan profundamente con los conceptos más centrales del solsticio de invierno.

Muérdago

El muérdago ha tenido muchos simbolismos a lo largo de la antigüedad. Debido a que sus hojas permanecen verdes todo el año, aunque su huésped esté muerto o sin hojas, simboliza la vida y la inmortalidad, al igual que los árboles de hoja perenne. Además, su singular sistema reproductivo y su capacidad para dar coloridos frutos, incluso en invierno, lo convirtieron en un símbolo de fertilidad.

El muérdago más apreciado en algunas culturas del norte de Europa, sobre todo la celta, era el que se encontraba en el roble, el árbol más venerado de la época. En ese caso, se considera el alma del Roble

Sagrado. Todo un ritual celta giraba en torno a esta visión específica. En el sexto día del pleno invierno, se reunían, dirigidos por un sumo sacerdote, y cosechaban el muérdago con una hoz de oro. Se creía que los frutos del muérdago, aunque venenosos, traían salud y suerte y se recogían con grandes trozos de tela para que no tocaran el suelo y trajeran mala suerte. El muérdago también se llevaba al interior de las casas en el solsticio de invierno para proteger y ahuyentar a los malos espíritus.

El muérdago era el elemento central de dos tradiciones y mitos muy populares.

Besarse bajo el muérdago

Aunque adoptada posteriormente por el cristianismo, se cree que esta famosa tradición romántica es de origen escandinavo. Simplemente dice que una pareja que se encuentra bajo un muérdago debe besarse, y entonces quedan unidos por el amor eterno. También se remonta a la antigua Roma, precisamente durante la Saturnalia. Los enemigos de guerra se reunían bajo el muérdago para reconciliarse, aunque no para besarse, bajo el muérdago. Los orígenes de esta tradición no están claros, pero se alinea con el antiguo simbolismo de amor y fertilidad del muérdago. El simbolismo amoroso del muérdago también puede relacionarse con la cautivadora historia de amor maternal de Frigg y Baldur.

Planta sagrada de Frigg

Uno de los primeros relatos sobre el simbolismo amoroso del muérdago es el clásico cuento nórdico antiguo de Frigg, la diosa del amor, y su hijo Balder, dios del sol de verano. Frigg quería proteger a su hijo a toda costa por miedo a la aniquilación total de toda la vida en la Tierra. Otras versiones del cuento sugieren que Balder tuvo muchas pesadillas que presagiaban su desaparición. Sea como fuere, Frigg hizo un juramento con todos los elementos de la naturaleza para que su hijo nunca sufriera daño alguno. Sin embargo, ella pasó por alto el muérdago al hacer su pacto. Loki, el dios del mal, se aprovechó y finalmente se aseguró de que Balder muriera por una flecha hecha de muérdago. Las lágrimas de luto de Frigg se convirtieron en las bayas del muérdago. Al final, curiosamente, llegaron a simbolizar el amor y el renacimiento. La conexión con el beso del muérdago se observa en otras versiones de la historia. Una de ellas es que Frigg revivió a Balder. Ella declaró que todos los que pasan bajo el muérdago merecen protección, amor y un beso.

Acebo

Las centelleantes hojas verdes del acebo y las deslumbrantes bayas rojas componen el acebo que encantó a muchas culturas antiguas a lo largo de la historia. La importancia del acebo en la celebración del regreso del sol en el solsticio de invierno lo sitúa ya entre las plantas más sagradas y apreciadas de la mitología pagana. La eterna batalla del Rey Acebo y el Rey Roble habla por sí sola. Al igual que el muérdago, el acebo sagrado era venerado por sus cualidades perennes. El acebo se utiliza a menudo para la decoración navideña, adoptado de tradiciones anteriores, y se hace para representar las espinas de Cristo, las bayas carmesíes que ilustran su sangre y el acebo que representa la vida eterna. Sin embargo, el simbolismo espiritual del acebo se remonta a diversas mitologías anteriores. Se consideraba un árbol sagrado, símbolo de renacimiento y protección contra el mal y la oscuridad. Se creía que sus gruesas y enrevesadas ramas impedían el paso de las fuerzas malignas. Los primeros europeos solían utilizar ramas de acebo como adorno en el solsticio de invierno para protegerse. Para algunos, el acebo era tan sagrado que tenían que hacer una ofrenda para poder cortar ramas.

El acebo y el roble eran vistos en muchas tradiciones paganas como los únicos gobernantes de la Tierra, que se deponían mutuamente con cada estación que llegaba. El acebo era considerado por los celtas como el árbol más sagrado, después del roble. Sin embargo, llegó a la mayoría de las mitologías europeas de la época como símbolo destacado de las celebraciones de Yule y del solsticio de invierno.

Hiedra

Junto con el muérdago y el acebo, los europeos del norte tenían en gran estima a la hiedra, especialmente entre los druidas. La hiedra fue el centro de un par de cuentos mitológicos. Simbolizaba sobre todo la fuerza, la determinación y la protección contra el mal, debido a sus ramas gruesas y complejas y a su capacidad para crecer en condiciones relativamente duras. Su característica perenne también la convierte en un símbolo de vida eterna. Las ramas de hiedra se utilizaban como decoración en muchas fiestas antiguas, incluida Yule, a menudo formando coronas y guirnaldas por los celtas. Como planta trepadora de hoja perenne capaz de aferrarse incluso a árboles muertos, la hiedra también era vista como el alma eterna de los muertos y difuntos. Representaba el renacimiento, la resurrección y la inmortalidad porque podía volver a crecer después de haber sido talada.

La hiedra era un símbolo recurrente en muchas otras culturas antiguas, concretamente la griega y la romana. El dios griego del vino y el placer, Dioniso, era representado cubierto de hiedra. Su homólogo romano, Baco, el dios del vino, también llevaba coronas de hiedra para protegerse de la intoxicación, convirtiéndose en un símbolo de protección.

Hiedra y acebo

La hiedra se asoció principalmente con el acebo en las tradiciones cristianas; la combinación de ambos se popularizó con el famoso villancico "El acebo y la hiedra". Sin embargo, esta asociación tenía sus orígenes en la mitología pagana. Los celtas consideraban el acebo como una planta masculina y la hiedra como una planta femenina, por lo que a menudo las juntaban. Las jóvenes celtas solían llevar ramas de hiedra para atraer la fertilidad y la suerte durante Yuletide. Unidas al acebo, ambas representaban la fidelidad y la lealtad.

Abedul

El abedul es una planta perenne venerable desde tiempos inmemoriales. Ha sido compartido por muchas culturas y muchas deidades están estrechamente asociadas a él. Los antiguos nórdicos Freya y Thor, la antigua diosa irlandesa Brigid, la diosa blanca, y la romana Venus están estrechamente relacionados con el árbol. Es lógico. El abedul es el milagroso árbol de hoja perenne que puede sobrevivir a las condiciones más duras. Es el primero en rebrotar y mantenerse erguido tras las catástrofes más destructivas. Señala nuevos comienzos y da nuevas esperanzas de que no todo está perdido y la vida continúa. El abedul también era apreciado por sus propiedades medicinales.

El abedul fue uno de los primeros árboles utilizados como troncos de Yule para el solsticio de invierno por muchas culturas del norte de Europa. También se pensaba que ahuyentaba el mal y la oscuridad y ayudaba a la gente a ser valiente y valerosa. Era admirado por su presencia elegante y femenina. Se relacionaba especialmente con la maternidad, representada como tierna y grácil.

Tejo

Los perdurables tejos fueron sagrados durante la mayor parte de la historia druida celta. Su fascinante capacidad para regenerarse, creando nuevos troncos cuando sus ramas tocan el suelo, los convierte en un poderoso símbolo de renacimiento y resurrección. Debido a sus alcaloides altamente tóxicos, los tejos también simbolizaban la muerte en la mitología celta. Esto continuó con los cristianos, que a veces enterraban brotes de tejo con sus difuntos. Los tejos también se encontraban entre los árboles más recurrentes en los patios de las iglesias.

En la antigua mitología griega, la diosa y titanesa Hécate y la arpía de la triple diosa, aparecen representadas en tejos. Juntas, custodian los mundos de la muerte y el más allá, lo que influyó en muchas representaciones posteriores del tejo.

En muchas tradiciones antiguas, se creía que el tejo era una conexión entre el mundo de los vivos y el de los muertos. En pleno invierno, el tejo era un símbolo de protección contra las fuerzas de las tinieblas de otro mundo. Era muy común que los troncos de tejo de Yule se llevaran a casa y se quemaran durante el solsticio de invierno. Eso señalaba la muerte del año. A veces, se guardaban y se utilizaban como protección contra las tormentas.

Roble

El roble era con diferencia uno de los árboles más universalmente sagrados en la antigüedad. El roble era posiblemente el árbol europeo más longevo de la época y muchas culturas lo apreciaban. Según muchos relatos, el gran Árbol de la Vida, Yggdrasil, era un roble que se erguía en el centro del cosmos.

Los robles simbolizan la fuerza, la resistencia, la suerte y la protección en muchas culturas. En algunas culturas, eran representaciones de dioses y diosas. Los robles simbolizaban al dios griego Zeus, al dios romano Júpiter, al dios celta Dagda y al dios germánico Thor. Los robles se asocian a la protección contra el trueno principalmente porque estos dioses también lo eran. Ya hemos mencionado cómo los muérdagos son más apreciados cuando crecen en los robles, sobre todo en los que sufren los truenos. Los druidas consideraban esos muérdagos como un regalo divino de los dioses. Los cosechaban y los ofrecían como bendición.

Entre los druidas, los robles eran muy sagrados y a menudo se les rendía culto. Los robledales y los bosques eran lugares sagrados frecuentados por los druidas en busca de conocimiento y sabiduría. A veces se sugiere que los druidas eran "discípulos" de los árboles, que iban a los robledales y escuchaban al viento susurrar los robles para adquirir revelaciones. También se reunían allí para discutir asuntos sociales importantes y resolver problemas.

Durante el solsticio de invierno, los robles tenían una presencia constante en muchas culturas del Norte. Especialmente en la cultura celta, las ramas de los robles se utilizaban como decoración. Incluso más grandes, se cortaban troncos enteros para hacer el tronco de Yule. Acababa ardiendo durante los 12 días de pleno invierno. Para los druidas, el sol permanecía inmóvil durante todo ese periodo. Quemar el tronco de Yule era necesario para alejar la oscuridad y los malos espíritus - y el roble era el árbol preferido para el tronco de Yule. La otra conexión significativa entre los robles y las celebraciones de Yule es la interminable batalla del rey Roble con el rey Acebo.

Las celebraciones de Yule son, en su propia esencia, una celebración de la naturaleza. Son la anticipación de una primavera fértil que se lleve el frío y oscuro invierno. En medio de toda la oscuridad y las largas noches, los árboles de hoja perenne son el único destello de luz que queda en todos esos bosques sin hojas y muertos. Esto explica que estén en el centro del simbolismo de Yule. Por ello, la mayoría de los rituales giran en torno a ellos y la mayoría de las culturas los aprecian, los veneran y los vinculan a deidades. El valor espiritual de los árboles y las plantas es verdaderamente universal. Las distintas mitologías están repletas de temas relacionados con la naturaleza y la vida eterna. Yule no es sino otro recordatorio de que la vida continuará y la esperanza surgirá incluso en tiempos de decadencia.

Capítulo 5: Prepare su altar de Yule

El final de un año tiene su importancia en casi todas las religiones. Simboliza el tiempo pasado y el que aun está por llegar. Las religiones de todo el mundo tienen su propio conjunto de tradiciones y rituales según sus creencias. Estos rituales son antiguos, pero se siguen practicando y realizando. Con el paso del tiempo, han tomado forma de tradición o cultura, culminando en una diversidad de celebraciones o rituales que tienen lugar en todo el mundo cada año. La gente celebra el fin de año teniendo en cuenta su religión, su cultura y sus tradiciones. Cuando el año natural llega a su fin, es muy especial.

¿Qué es el Yule y cuándo se celebra?

Los paganos celebran de forma única el final del año y el solsticio de invierno. Esta celebración se denomina Yule. Sin embargo, debido a las diferentes estaciones del hemisferio, la celebración de Yule para los paganos varía en función de dónde vivan. Las personas que viven en el hemisferio norte lo celebran el 21 de diciembre. Pero estas celebraciones tienen lugar en junio si vive por debajo del ecuador en el hemisferio sur. El solsticio de invierno se considera la noche más larga de todo el año. Durante este tiempo, por la noche o tras la salida del sol, los paganos encienden un tronco o hacen un altar, que debe permanecer encendido durante 12 días completos.

Esta celebración da la bienvenida al Año Nuevo simbolizando el regreso del sol. Aunque no todos los paganos tienen altares, tener uno siempre es una buena idea. Los individuos pueden tener creencias diversas; algunos consideran que un altar es un aspecto importante de su sistema de creencias. El altar de Yule es una parte crucial de la celebración del solsticio de invierno. El propósito principal de este altar es honrar el regreso del sol, por lo que para este propósito, un altar siempre tiene una vela que simboliza el regreso del sol. Como representa simbólicamente al sol, el color de la vela tiene que ser dorado o amarillo. Se pueden utilizar velas de otros colores, pero es mucho más preferible una llama amarilla.

Beneficios de un altar

Un altar le permite ciertas experiencias en la vida que no puede tener de otro modo. Las personas religiosas suelen desear una conexión con lo divino, independientemente de cómo vea usted lo divino o su religión. La vida es compleja en el mejor de los casos, y contemplarla desde distintos ángulos y perspectivas es inmensamente importante. Un altar ayuda a ver la vida desde varias perspectivas. Puede pensar en cualquier situación en la que se encuentre desde múltiples ángulos, lo que le permitirá comprender mejor el mundo. Una de las mayores ventajas de tener un altar es que le permite combatir la negatividad.

Incluso si no tiene una conexión profunda con su religión o con cualquier religión, sentirá una conexión espiritual y llenará ese vacío en su corazón con la ayuda de un altar. Hacer un altar puede ser increíblemente relajante, y tendrá un lugar sagrado en su casa para rezar y meditar. Tiene innumerables beneficios. Si le gusta la artesanía, colocar sus objetos artesanales en su altar es increíblemente gratificante. Sin embargo, uno de los mayores beneficios de un altar es que crea un flujo de energía positiva por toda su casa. Además, si es usted padre, construir un altar es la forma perfecta de ayudar a sus hijos a comprender el concepto de divinidad. Pueden participar activamente, lo que le ayudará a introducir la espiritualidad a sus hijos.

Cómo hacer un altar

Lo mejor de un altar es que puede ser tan creativo como usted quiera. Son su expresión, así que haga un altar como quiera. Puede estar abarrotado de diversos elementos y objetos o ser tan sencillo como desee. Todo depende de lo que quiera que sea el altar. Debería hacer uno que le ayude a crear una mejor conexión con lo que quiera encarnar en la vida. Un altar suele depender de las intenciones. Debe pensar profundamente por qué está haciendo el altar y cuál es su intención. Una vez que establezca sus intenciones, obtendrá una respuesta y podrá utilizarla para crear positividad en su vida.

Si le gusta escribir, la forma más fácil de hacer un altar sería anotar sus intenciones en un papel. Una vez que las haya escrito, sabrá lo que desea lograr o llamar a su vida. Podría ser la energía que desea encarnar o incluso pedir el apoyo de sus antepasados. Cuando conozca sus intenciones, coleccione objetos que le transmitan una vibración similar a la que escribió.

Una vez que esto ocurra, podrá reunir diversos objetos para colocarlos en su altar. Pueden ser objetos que coincidan con sus intenciones y que le den un sentimiento o una vibración que coincida con lo que ha escrito. Imagine que desea el apoyo de sus antepasados. Necesita reunir objetos que le hagan sentirse conectado a ellos.

He aquí una lista de objetos que puede colocar en su altar.

1. Fotos de antepasados
2. Cristales

Surtido de cristales

https://www.pexels.com/photo/close-up-photo-of-assorted-crystals-4040644/

3. Velas
4. Flores
5. Estatuas
6. Un diario
7. Incienso
8. Cartas
9. Fotos que le recuerden a sus antepasados
10. Libros

Puede colocar cualquier cosa que le transmita un sentimiento de conexión con sus antepasados.

Cómo montar un altar de Yule correctamente

Decidir dónde colocar su altar puede ser un proceso abrumador. Normalmente, el altar tiene que estar donde usted se sienta más espiritual, dentro de casa. Además, necesita montar un altar donde esté tranquilo y no le moleste nadie. Todo depende de dónde coloque su altar. Asegúrese de colocar su altar donde se sienta activo, enérgico, presente, feliz y espiritualmente conectado. Por lo tanto, puede colocarlo sobre una mesa o en un rincón de su casa donde se sienta más en paz.

Si está pensando en montar un altar para Yule, tendrá que saber cuál es la mejor manera de decorarlo y qué utilizar. Necesitará el lugar adecuado para colocar el altar correctamente y espacio suficiente para que los objetos no estén congestionados. El altar puede colocarse en el interior de su casa o al aire libre en su jardín. Si no desea colocar el altar en su casa, puede encontrar un lugar pequeño no muy lejos de su casa con un refugio y donde sea seguro estar solo. Sin embargo, tenga en cuenta que la colocación del altar tiene un significado. Asegúrese de que el altar y sus objetos están seguros y protegidos y de que se encuentra en un lugar donde pueda observarlo o comprobarlo de vez en cuando. La mayoría de la gente prefiere tenerlo dentro de su casa o en el jardín. Toda la estructura y las características del altar deben simbolizar el regreso del sol o la estación invernal. He aquí cómo puede decorar su altar de Yule.

Coloque un caldero

Colocar un caldero es crucial para un altar de Yule. Si no encuentra un caldero, utilice un cuenco o cualquier otro recipiente y colóquelo en el centro de su altar de Yule. La colocación del caldero es importante porque simboliza el vientre de una diosa. Coloque una vela de pilar dentro del recipiente. El color de la vela puede ser el que desee, pero lo mejor es utilizar un color como el dorado o el amarillo que simboliza el sol. La vela simboliza el renacimiento del sol saliendo del caldero. Si desea que su vela sea más especial y atractiva, puede pintar o dibujar símbolos solares en ella. Utilice aceite de canela y frótelo por toda la vela. Cuando lo tenga todo listo en su altar, déjelo hasta que comience el ritual de Yule o el ojo del solsticio de invierno.

Los colores del invierno

Como Yule cae en invierno, se utilizan los colores del invierno. Por tanto, los colores fríos son los más adecuados para decorar su altar. Estos colores incluyen el azul, el plateado y el blanco. También debe encontrar la forma de incluir otros colores como el rojo, el blanco y el verde, ya que también pertenecen a la estación invernal. También se recomienda añadir verde oscuro a la mezcla porque las ramas de hoja perenne son un elemento estupendo para un altar de Yule. Todos los colores que añada a su altar de Yule simbolizan algo en particular. En los conceptos paganos modernos, el color rojo se asocia con la pasión. Sin embargo, no es el caso de todo el mundo. Algunas personas consideran que el rojo es un color de prosperidad. Si lo mira desde la perspectiva de los chakras, el rojo se asocia con el chakra raíz, y su ubicación es en la base de la columna vertebral. Se trata de un chakra curativo, y muchos expertos creen que este chakra nos ayuda a conectar con la Tierra y nos aporta energía.

Como ya se ha mencionado, cada color tiene que simbolizar algo. Si ha elegido el color blanco en su altar, considere la posibilidad de utilizarlo para rituales de purificación. Si utiliza el blanco, considere la posibilidad de colgar copos de nieve y estrellas blancas. El blanco simboliza mantener el entorno espiritualmente limpio. Como el solsticio de invierno gira en torno al regreso del sol, es una buena idea colgar algunos soles dorados por su casa. Pueden colgarse para rendir homenaje. Además, sabemos que la asociación del sol o la luz suele ser con el color dorado o amarillo. Por lo tanto, utilizar velas amarillas o doradas es necesario para algunas personas.

Símbolos del invierno

Como la noche más larga del solsticio de invierno celebra el regreso del sol, añadir símbolos solares a su altar es una gran opción. Puede utilizar cualquier cosa brillante y resplandeciente para representar al sol. La mayoría de la gente utiliza discos dorados y velas amarillas para simbolizar el sol. Algunas personas también optan por una vela de pilar grande y luego añaden símbolos solares. Esto también podría ser una gran idea si le preocupa el espacio y desea confinar el altar a un lugar pequeño en lugar de añadir elementos solares por toda su casa.

Las ramas de hoja perenne también son un complemento estupendo para su altar de Yule y también simbolizan el solsticio de invierno. Puede añadir elementos como renos o incluso una pequeña estatua de Papá Noel. Además, añadir piñas y un tronco de Yule también es una excelente elección. Otra gran idea es utilizar plantas sagradas asociadas con el solsticio de invierno, y la familia de las plantas perennes tiene muchas plantas que podría utilizar. He aquí una lista de las plantas:

1. Pinos
2. Enebro
3. Cedro
4. Abeto

Estas plantas se asocian con la seguridad, la protección y la prosperidad. Además, estas plantas también simbolizan la renovación y la continuación de la vida tal y como la conocemos. Colgar estas plantas alrededor de su casa garantizará la seguridad y prosperidad de su familia y de los que viven en ella.

Otros signos del invierno

Puede utilizar innumerables cosas y objetos que simbolicen el invierno para su altar de Yule. Lo único que puede limitarle es el espacio para su altar. Puede añadir un cuenco con fruta seca y frutos secos como nueces y pacanas. Si desea utilizar fruta, coloque naranjas y manzanas en su altar. Dado que el solsticio de invierno trata sobre el renacimiento, si su intención es sobre la fertilidad, entonces añada algo asociado con la fertilidad y la abundancia, como el muérdago. La adición de campanillas puede resultar prometedora y profunda. Aunque las campanas y los caramelos se utilizan tradicionalmente para la Navidad, también se asocian con el invierno, por lo que también pueden utilizarse para un altar de Yule. Añadir campanillas es estupendo porque, en los antiguos tiempos paganos, las campanillas se utilizaban para asustar o ahuyentar a los malos espíritus. Sin embargo, en Yule, puede utilizarlas para simbolizar la llegada de la prosperidad y la paz a su hogar. Mucha gente en todo el mundo utiliza también ruedas solares para representar cómo el sol ha iniciado su viaje de regreso a la Tierra.

Símbolos de la naturaleza

Si va a hacer un altar, no puede prescindir de la Madre Naturaleza. Tendrá que colocar símbolos u objetos específicos que representen el renacimiento de la naturaleza durante la celebración de Yule. Los animales del bosque son uno de los mejores símbolos de la naturaleza, así que utilícelos para representar el renacimiento de la naturaleza. El mejor que puede utilizar es un ciervo porque simboliza al dios wiccano. También puede utilizar otros símbolos como pájaros de nieve y ardillas. Tenga en cuenta que el altar tiene que ser significativo para usted. Puede utilizar cualquier adorno que simbolice la estación, el sol o el renacimiento siempre que tenga significado para usted.

Decoración del altar

La decoración del altar debe estar en consonancia con el festival o la celebración. Una vez que el altar esté listo y desee decorarlo de acuerdo con las festividades de Yule, deberá tener en cuenta varias cosas. El festival trata de la reflexión, el descanso y el regreso del sol, que está simbolizado por la luz, lo que significa que el sol tiene un papel principal y merece la mayor parte del tiempo y de las decoraciones a su nombre. Sin embargo, esto no significa que pueda colocar cualquier objeto que se parezca o simbolice el sol. Necesita objetos que tengan una conexión con usted. A continuación encontrará una lista de los colores más utilizados para un altar de Yule.

1. Oro o amarillo para el sol
2. Plata para la luna
3. Rojo para la sangre, símbolo de la vida
4. Verde del renacimiento o de la naturaleza o de la vuelta de las cosechas
5. Blanco para la paz, la tranquilidad y los nuevos comienzos

Después de los colores, necesitará un conjunto de objetos para honrar a todos los elementos. Aquí tiene una lista de todos los elementos que puede necesitar para este fin.

1. Un cáliz o una tetera para contener agua.
2. Árboles de hoja perenne o piedra para la tierra
3. Una espada e incienso para la atmósfera, el ambiente o el aire
4. Un bastón o velas para simbolizar el sol

También puede utilizar diversas hierbas o aceites para este fin. El cedro tiene propiedades curativas, que suelen asociarse con la curación y la protección. Además, el cedro también puede utilizarse para la limpieza. Los pinos pueden utilizarse para la longevidad o la inmortalidad. Este árbol tiene un propósito único. Aunque los humanos no son inmortales, este árbol simboliza tener el coraje de manejar todos los contratiempos de la vida. Simboliza la fuerza interior y la positividad necesarias para superar las dificultades de la vida. La canela se asocia con el sol, por lo que puede utilizarse como elemento de fuego. La canela puede ser muy beneficiosa porque le hace sentir acogedor y cálido en el lugar donde se coloque su altar.

Ubicación del altar

La ubicación del altar tiene una importancia inmensa. Como simboliza el regreso del sol y la fiesta de Yule se celebra en invierno, debe colocar el altar orientado hacia el norte porque el norte está alineado con la estación invernal. Puede cubrir su altar con una tela o un pañuelo. Sin embargo, asegúrese de que la tela que utiliza es del color de la estación, rojo, verde o dorado.

Los toques finales

Si no dispone de incienso, puede encontrar diferentes formas de honrar los distintos elementos. Una idea es utilizar varas de pino y cedro y colocarlas en su altar. Si no encuentra nada de color amarillo o dorado, siempre puede utilizar naranjas para simbolizar el sol. Además, decore el altar de acuerdo con su intención guardando objetos de valor para usted y con los que tenga una profunda conexión. Pueden ser cualquier cosa, siempre que simbolicen algo relativo a las festividades de Yule y usted sienta una conexión con ellos. Si es un creyente acérrimo de alguna deidad, puede incluso añadir ofrendas requeridas por esa deidad.

Cómo cuidar su altar

Debe comprender que un altar no es un trozo de madera muerto o formado simplemente por "algunos objetos". Está vivo con energía porque un altar comprende los mismos elementos que componen nuestro cuerpo. Si no se cuida, el altar puede morir con el tiempo. Las flores se queman y las ofrendas se secan y evaporan. La vela y el incienso del altar se consumirán, y lo único que quedará serán las cenizas. Por lo tanto, es imperativo que cuide de su altar.

Debe quitar el polvo de su altar con regularidad y limpiarlo de cenizas para mantenerlo vivo y en buen estado. Si ve que algunas plantas o flores se secan o mueren, sustitúyalas por otras nuevas y frescas. El agua colocada dentro del cáliz o cuenco puede secarse o contaminarse, así que añada agua fresca y limpia. Incluso puede cambiar las fotos que haya colocado en su altar. Estas pueden cambiarse con el cambio de las estaciones para que pueda seguir a la Madre Naturaleza.

Si utiliza el mismo altar durante mucho tiempo, puede que necesite sustituir casi todo. El tronco de Yule puede secarse y a veces incluso las termitas lo atacan o infestan. Así que lo mejor es añadir nuevos objetos a su altar para mantenerlo actualizado y nuevo.

Un altar de Yule puede utilizarse para diversos fines. Una vez que haya montado correctamente un altar de Yule, podrá utilizarlo para muchos rituales y hechizos. Adore su altar, le dará una sensación de orgullo y logro. Debe estar en un lugar en el que se sienta realizada y espiritualmente activa. Cuando haya construido su altar, puede pasar a experimentar cosas nuevas con él, como hechizos y rituales mágicos. Puede ser una nueva forma de ver el mundo de forma positiva. No solo es relajante y pacífico, sino que también puede experimentar el mundo de una forma totalmente nueva y emocionante. Practicar hechizos mágicos y otros numerosos rituales utilizando su altar será una forma asombrosa de mantenerse conectado con el mundo espiritual.

Capítulo 6: Recetas para una fiesta de Yule

Nuestros antepasados paganos combinaron el simbolismo de los alimentos cosechados durante el invierno y la celebración de un nuevo año diseñando el menú del banquete de Yule. Los antiguos recolectores creaban pasteles con forma de sol para rendir homenaje a Lugh, el dios celta del sol, y cazaban jabalíes para ofrecer tributo a Freyr, el dios nórdico.

Las fiestas de Yule son el momento perfecto para llenar el estómago con platos que enciendan el cuerpo y completen el alma. La festividad del solsticio de invierno ofrece a la mesa alimentos ricos, reconfortantes y calóricos (las calorías no cuentan durante las fiestas).

Celebramos esta estación con abundantes recetas a base de ingredientes específicos de temporada que no encontrará durante ninguna otra celebración. Asados festivos y tartas rellenas de carne, sopas deliciosas preparadas con esmero, ensaladas centelleantes que rebosan sabor, dulces que hacen la boca agua, galletas desmigajadas que puede compartir toda la familia y bebidas para los adultos.

La mayor parte de estos alimentos festivos se elabora con ingredientes de temporada, como alimentos procedentes de la tierra, como patatas y zanahorias, o especias molidas, como jengibre, canela, nuez moscada, verduras y frutas, como naranjas, peras y cítricos.

Es la época del año en la que se honran las tradiciones, se hacen celebraciones y se rinde respeto a través de los alimentos que comemos.

Únase a la tradición del solsticio y cree un delicioso banquete con temática de Yule.

Plato principal del centro de mesa de Yule

Las tradiciones de la cena de Yule que se remontan a cientos de años atrás giraban en torno a la caza, el asado y el festín con jabalí. Nuestros antepasados alanceaban y asaban el cerdo entero en una hoguera como muestra sacrificial de honor a los dioses. Nuestros métodos culinarios son un poco más refinados hoy en día, pero aun podemos disfrutar de un festín tradicional de Yule con jamón asado o al horno. La forma de preparar la carne depende de usted. Puede cocinarla en el horno o asarla en el jardín.

Jamón glaseado con jengibre

Tiempo de cocción: 4,30 horas

Tiempo de preparación: 15 minutos

Raciones: 8

Dificultad: Fácil

Ingredientes:

- 1 pieza de jamón ligeramente curado
- 1 litro de *ginger ale*
- 4-1/4 onzas de confitura de jengibre
- 3 cucharadas soperas de mostaza
- 4-1/4 onzas de azúcar moreno (blando)
- 1 cucharada de clavo (molido)

Método:

1. Ponga el jamón en una cacerola grande y vierta por encima el ginger ale. Lleve la cacerola a ebullición y baje ligeramente el fuego a nado durante unas 5 horas. Justo antes de las 5 horas, precaliente el horno a 230C.

2. Mientras espera a que se caliente el horno, prepare el glaseado. Ponga la conserva de jengibre en un bol y mézclela con la mostaza que haya elegido. Añada el azúcar moreno a la mostaza y agregue el clavo molido.

3. Saque el jamón cocido de la sartén y colóquelo en una bandeja forrada con papel de aluminio. Corte la piel dejando una fina capa de grasa. Unte el jamón con el glaseado y cuézalo en el horno durante 30 minutos. Sírvalo caliente para una comida contundente o frío en un bocadillo.

Hay muchas recetas de jamón con temática de Yule. Pruebe a añadir cualquiera de estos otros glaseados para conseguir un centro de mesa de carne delicioso.

Dele sabor con glaseado de jengibre, glaseado de arce, arce de Dijon, glaseado de sidra, glaseado de naranja o manzana, azúcar moreno, glaseado de miel, salsa de pasas o derechos de piña para un espíritu Yule añadido.

Pastel de cordero de Nueva Inglaterra

Tiempo de cocción: 3 horas

Tiempo de preparación: 30 minutos

Raciones 8

Dificultad: Fácil

Ingredientes:

- 1 cucharada de aceite de canola
- 2 libras de cordero, cortado en cubos de 1 pulgada
- 1 cebolla en rodajas
- 2 zanahorias en rodajas
- 3 tazas de caldo de pollo
- 2 cucharadas de perejil fresco
- 2 puerros (porción blanca), cortados en rodajas de 1,5 pulgadas
- ¼ de taza de harina
- ¼ de cucharadita de tomillo
- ¼ cucharadita de pimienta
- ½ cucharadita de sal
- 3 cucharadas de mantequilla, derretida y dividida
- 3 patatas peladas y cortadas en rodajas

Método:

1. Precaliente el horno a 230C. Ponga el cordero y la cebolla en una olla grande y cocine la carne, removiendo continuamente hasta que se dore. Añada la harina y remueva hasta que se mezcle con la carne. Vierta el caldo de pollo y déjelo cocer a fuego lento hasta que espese. Incorpore los puerros, las zanahorias y el romero, 1 cucharada de perejil, el tomillo, la sal y la pimienta.

2. Engrase una fuente de horno grande y añada el cordero. Coloque encima la patata cortada en rodajas y cúbrala con 2 cucharadas de mantequilla derretida. Cocer en el horno durante 1 hora, sacar para añadir el resto de la mantequilla sobre las patatas. Vuelva a meterlas en el horno y cuézalas durante 1 hora aproximadamente, hasta que estén doradas. Deje reposar y espolvoree el perejil restante.

Cazuela del solsticio de invierno (opción vegetariana)

Tiempo de cocción: 1 hora

Tiempo de preparación: 10 minutos

Raciones: 4

Dificultad: Fácil

Ingredientes:

- 6 salchichas/sustituto vegetariano
- 3 patatas ralladas
- 7 huevos
- Un puñado de champiñones
- 1 cebolla cortada en dados
- 1 cebolla verde cortada en dados
- 1 tomate cortado en dados
- Un puñado del queso que prefiera
- Salvia y romero
- 2 cucharadas de mantequilla

Método:

1. Precaliente su horno a 230C. Ponga una sartén a fuego medio y derrita la mantequilla.
2. Sofría la cebolla y los champiñones.
3. Incorpore las patatas y cocínelas hasta que se doren.
4. Engrase previamente una cazuela grande y extienda la mezcla uniformemente por toda la cazuela.
5. Coja un bol y mezcle la salchicha, los huevos, el queso y el condimento preferido. Vierta sobre las patatas.
6. Introduzca la fuente en el horno durante unos 40 minutos. Después de 10 minutos, saque la fuente y espolvoree queso para cubrir la mezcla.
7. Adorne con rodajas de tomate y cebollas de verdeo.

Celebre Yule con estos contundentes centros de mesa que le mantendrán en un ambiente festivo durante todo el día.

Sopas del solsticio de invierno

Pruebe una sopa con ingredientes tradicionales si prefiere algo más ligero o un acogedor té por la tarde. Continúe con el tema de Yule de rendir respeto a los dioses paganos preparando y comiendo alimentos generados por la tierra.

Sopa de invierno de cocción lenta (vegetariana)

Tiempo de cocción: 5-1/2 horas

Tiempo de preparación: 15 minutos

Raciones: 5

Dificultad: Fácil

Ingredientes:

- 1 taza de lentejas rojas partidas
- 1 cebolla picada
- Hojas de laurel
- Un puñado del queso que prefiera
- 4 tallos de apio cortados en dados
- 2 ½ cucharadas de aceite de oliva virgen extra

- 4 zanahorias cortadas en dados
- 3 calabacines cortados en trozos
- Tomillo fresco
- 3 calabacines picados en trozos
- 240 ml de tomates picados
- 4 patatas picadas en dados
- 6 tazas de caldo de pollo o verduras
- 3 tazas de col cortada en rodajas

Método:

1. Añada los siguientes ingredientes a la olla de cocción lenta: caldo de pollo/vegetal, aceite de oliva, tomates, cebolla, tomillo, apio, laurel, zanahoria, queso, calabacín, patatas, lentejas rojas y sazone al gusto.
2. Cueza a fuego lento durante 10 horas o a fuego fuerte durante 5 horas y media.
3. 1 hora antes de que termine la cocción, añada y remueva la col.
4. Adorne con una pizca de queso, perejil y un chorrito de aceite de oliva.

Estofado de marisco del solsticio

Tiempo de cocción: 2 horas

Tiempo de preparación: 30 minutos

Raciones: 6

Dificultad: Media

Ingredientes:

- ½ libra de calamares limpios, corte los tentáculos por la mitad y los cuerpos en anillos
- 1 libra de pescado blanco en rodajas, como bacalao, merluza, lubina o fletán
- 1 libra de gambas
- 1 libra de almejas
- 1 libra de mejillones

- 2 tazas de caldo de verduras o marisco
- Añada escamas de pimiento rojo al gusto
- 4 dientes de ajo
- 1 taza de hinojo
- Orégano seco
- 1 taza de cebolla picada
- ½ taza de apio
- 2 cucharadas de aceite de oliva virgen extra
- 1 cucharada de pasta de tomate
- 1 baguette
- 1 cucharada de pasta de tomate
- Tomates en conserva
- Jugo de almejas
- Perejil
- Mantequilla sin sal al gusto
- 1 taza de vino blanco
- Hojas de laurel
- 1 cucharada de ralladura de limón

Método

1. Caliente una olla grande a fuego medio, añada el aceite de oliva, el apio, la cebolla y el hinojo picados y, a continuación, salpimiente al gusto. Pique un poco de ajo y añádalo junto con los copos de pimienta. Remueva la mezcla durante unos 8-10 minutos.

2. Cueza la mezcla a fuego lento y añada los calamares. Cueza durante unos 20-30 minutos y remueva de vez en cuando. Añada el orégano y la pasta de tomate y remueva durante 1 minuto.

3. Suba un poco el fuego, añada el vino y cocine hasta que se reduzca la mitad del líquido. Añada el caldo, los tomates con su jugo, el jugo de las almejas y las hojas de laurel. Lleve a ebullición, reduzca el fuego, tape y deje cocer otros 30 minutos. Sazone al gusto.

4. Coja un bol y añada la mantequilla, la ralladura de limón y 1 cucharada de perejil. Corte la baguette por la mitad, tuéstela por ambos lados y unte cada lado con la mantequilla aromatizada y el ajo restante.

5. Añada las almejas a la olla, cuézalas durante 5 minutos e incorpore los mejillones y las gambas. Coloque el pescado encima del guiso cocido y cocínelo durante 5 minutos. Sirva y sazone al gusto.

Ensaladas de Yule

Las nutritivas ensaladas son lo último en comida reconfortante de invierno. Densas en verduras asadas y cítricos, hacen que las fiestas sean mágicas.

Ensalada de invierno asada

Tiempo de cocción: 40 minutos

Tiempo de preparación: 20 minutos

Raciones: 5

Dificultad: Media

Ingredientes: (Ensalada)

- 9 onzas de quinoa
- 14 judías verdes en rodajas
- 2 oz. de cebollas verdes
- 1.75 oz. de semillas tostadas (su preferencia)
- 4 dientes de ajo
- ½ aguacate
- ½ cucharada de aceite de oliva virgen extra
- 3 patatas, cortadas en trozos
- 1.75 oz. de col rizada

Ingredientes: Para el aliño

- ¼ taza de aceite de oliva virgen extra
- ¾ onzas de sirope de arce
- ¼ taza de vinagre de vino tinto
- ½ onza de mostaza

Método:

1. Precaliente el horno a 200C y coloque las judías verdes, los dientes de ajo y las patatas troceadas en una fuente de horno grande. Sazone con aceite de oliva y ensalada y pimienta al gusto. Métalas en el horno y áselas durante 20 minutos.

2. Saque la fuente del horno y deles una vuelta a las verduras, después áselas en el horno durante otros 15-25 minutos hasta que estén bien doradas.

3. Cueza la quinoa durante unos 15 minutos hasta que quede esponjosa.

4. Mezcle los ingredientes para el aliño en un bol.

5. Saque la fuente del horno, separe los dientes de ajo y mézclelos con el aliño.

6. Tome un bol grande para mezclar, añada las alubias, las patatas, la quinoa, las cebollas de verdeo y la col rizada, luego cubra las verduras con el aliño. Sazone al gusto.

Bebidas

Nuestros antepasados lo hacían bien. ¿Qué mejor manera de recuperarse y saciar la sed tras una cacería del solsticio de invierno que con grandes cuencos de hidromiel y ponche?

Hoy en día disponemos de muchas más opciones, pero seguimos rindiendo homenaje recreando las tradiciones paganas de bebidas durante las fiestas.

Wassail

Wassail se traduce del nórdico antiguo como "ser afortunado" o "tener buena salud". Esta bebida de Yule está repleta de especias y frutas festivas, con infinitas posibilidades. Añada o quite especias, sabores y líquido para adaptarla a sus necesidades festivas. Puede prepararla con o sin alcohol.

Ingredientes:

- Sidra de manzana
- Zumo de naranja
- Zumo de limón
- Azúcar granulado

- Bayas de pimienta de Jamaica
- Canela en rama
- Jengibre fresco pelado
- Clavo o 1 cucharada de clavo molido
- Agua

Método

1. Coja una cacerola grande o una olla y póngala a fuego medio. Añada agua y azúcar al gusto. Hierva durante unos 10 minutos.

2. Retire la mezcla del fuego. Eche una rama de canela con las bayas de jengibre, clavo y pimienta de Jamaica.

3. A continuación, añada la sidra de manzana, el limón y el zumo de naranja y póngalo a fuego lento para que se caliente. Su casa olerá increíblemente festiva después de esto. Agradézcanoslo después.

Las fiestas de Yule no estarán completas sin unos postres deliciosos. ¿Por qué no seguir una tradición consagrada y optar por un clásico?

Tronco de Yule

El tronco de Yule nació en los orígenes de Noruega. Los rituales paganos exigían una tradición familiar en honor del solsticio de invierno. Buscarían en el bosque el roble de aspecto más saludable y lo quemarían en el fuego de casa para celebrar la vida y la deferencia a los dioses. Las cenizas se esparcirían por la casa familiar como protección contra los espíritus.

Tiempo de cocción: 15 minutos

Tiempo de preparación: 20

Raciones: 6

Dificultad: Fácil

Ingredientes: Para el bizcocho

- 3 huevos
- 1 cucharadita de levadura en polvo
- 3 oz. gramos de harina común
- 3 oz. gramos de azúcar en polvo
- 2 ½ cucharadas de cacao en polvo

Ingredientes: Para el glaseado y el relleno

- 1-1/4 taza de nata
- 2 oz. de mantequilla
- 1 ½ cucharada de sirope dorado
- 5 oz. de chocolate

Ingredientes: Para los champiñones

- Manga pastelera (cómprela o hágala usted mismo)
- Cacao en polvo
- 3 cucharadas de azúcar
- 2 huevos
- 2 onzas de chocolate fundido
- Una pizca de tártaro

Método:

1. Caliente el horno a 230C. Forre una bandeja de horno grande con una lámina antiadherente y bata el azúcar glas y los huevos en un bol.

2. Mezcle la levadura en polvo, la harina y el cacao en polvo, e incorpore los huevos mezclados. A continuación, vierta la mezcla en la bandeja de horno. Hornee durante 15 minutos.

3. Coloque una capa de papel de horno antiadherente sobre una superficie plana y vuelque la bandeja de hornear sobre el papel. Enrolle el pastel de un borde al otro. Debe quedar el papel.

4. Derrita y mezcle el chocolate y la mantequilla para el glaseado y vierta el sirope y 6 cucharadas de nata. Mezcle hasta obtener una masa homogénea.

5. Desdoble el pastel, extienda la nata restante por encima y vuelva a enrollarlo.

6. Tome una espátula y extienda el glaseado por toda la tarta. Utilice un tenedor para añadir un efecto de corteza de árbol. Espolvoree un poco de azúcar en polvo para darle al tronco ese toque invernal.

Método: Para las setas

1. Precaliente el horno a 230C y mezcle el tártaro y la clara de huevo en un bol grande.

2. Mientras bate los huevos, espolvoree el azúcar. Mezcle hasta que se formen picos duros.

3. Pase la mezcla a la manga pastelera y póngala en una bandeja de horno en forma de tallos de champiñón y de pequeñas cúpulas para los sombreros de los champiñones.

4. Cocer las "setas" durante unas 3 horas.

5. Retire la bandeja del horno y espere a que los "champiñones" se enfríen.

6. Sumerja los sombreretes en el chocolate fundido y pegue los tallos. Decore su tronco con las "setas" como desee y espolvoréelo con azúcar en polvo.

Decore su obra maestra con cintas rojas o acebo verde para darle un toque de pleno invierno y velas para honrar a las deidades.

Cómo impregnar su comida de la magia de Yule

La celebración del solsticio de invierno es una tradición que se remonta a cientos de años. Es un momento para intercambiar y compartir recetas, comer alimentos deliciosos y rendir homenaje a nuestros antepasados paganos. Hay muchas formas de recrear los métodos paganos tradicionales de creencia y respeto durante Yule.

Es una época de hibernación y regeneración. Hasta que vuelva la luz del día y el calor del sol descongele la tierra helada, encienda sus velas y hogueras para simbolizar la llama interna de la vida dentro del hogar. Los paganos de la antigüedad utilizaban el fuego y la luz durante el solsticio para ahuyentar a los malos espíritus y resucitar una fuente de luz a través de la oscuridad del invierno.

Mientras decide qué recetas se adaptan mejor a su celebración de Yule, considere la posibilidad de cantar villancicos como una forma de implicarse más en la cultura de sus antepasados.

Para preparar los ingredientes de la receta de Wassail de invierno, los paganos se reunían para cantar y tocar instrumentos alrededor de los manzanos, naranjos y limoneros para generar cosechas sanas y abundantes. Para preparar su banquete de Yule, busque una orquídea o un prado y esparza su Wassail sobre el verdor para imbuir a la naturaleza de atributos sagrados y mágicos en preparación para el próximo año.

Decore su casa o su mesa con imágenes del sol para atraer la suerte y desterrar el mal. El dorado, los naranjas y los amarillos simbolizan la exitosa conquista de la oscuridad al paso del invierno.

No ignore las plantas que pueda tener por ahí. En su lugar, haga una guirnalda o una corona para simbolizar la vida eterna, y esparza algunos cardos, hiedra, salvia o acebo en su mesa. Para los paganos, la siempreviva traía la esperanza de que no todo pereciera durante el invierno. Las plantas que sobrevivían al invierno aportaban luz y vida a los hogares que las utilizaban.

¿Un beso bajo el muérdago? Esta tradición procede del símbolo pagano del amor, la paz y la fertilidad. El muérdago se mezclaba con la sangre sacrificada de un buey o un jabalí y se utilizaba como medicina y tratamiento de fertilidad. Proporcionar vida y esperanza durante los fríos inviernos era un factor importante para la supervivencia. Cuelgue un poco de muérdago para rendir homenaje a las tradiciones del pasado e impregne su fiesta de magia, amor y luz.

Tome el propósito de Año Nuevo y conviértalo en algo más que una tradición de fin de año. Hágalo a la manera pagana y haga un propósito de año nuevo rindiendo respeto a la carne con la que está a punto de darse un festín. Ponga las manos en la carne antes de trincharla y comprométase con el próximo año.

Las recetas de Yule mencionadas son solo algunas formas de llevar la tradición pagana a su hogar este invierno. Hay muchos alimentos diferentes para añadir a sus festividades. Recuerde que los paganos cazaban y se daban un festín con animales salvajes y, aunque no recomendamos la caza, obtener la carne de sacrificio exacta impregnará su banquete de tradición.

Las carnes festivas como el venado, la oca y el jamón se sacrificaban, asaban, servían y festejaban como una forma de absorber la sabiduría y el poder del oro. Así que no olvide rendir respeto a este método mientras disfruta del solsticio.

Lleve a la mesa fruta fresca y en conserva para simbolizar el aspecto forrajero de la antigua tradición pagana. Regalarlas recordará el aspecto comunitario de sobrevivir juntos al invierno.

Plantar sus propias hortalizas para prepararse para el invierno es una gran opción. Si puede buscar sus propios alimentos, estará un paso más cerca de sus antepasados paganos y de los rituales a los que daban tanta importancia.

Las hortalizas de raíz como los boniatos, las zanahorias, las remolachas, las patatas, las chirivías y los nabos podían sobrevivir al duro invierno, constituyendo una fuente extrema de sustento para los antiguos paganos. Las comidas a base de estos ingredientes simbolizaban la esperanza y la salud durante el invierno. Cuando la mayoría de las cosas perecían, estos alimentos creaban y sostenían la vida.

Si quiere vivir Yule como lo hacían los antiguos paganos, la preparación de su banquete de Yule para el solsticio de invierno debería incluir el mayor número posible de las tradiciones mencionadas. Siempre habrá más cosas que pueda hacer para rendir homenaje a Yule. Encontrar el menú adecuado podría ser tan sencillo como un banquete moderno unido a la promesa de futuro con un propósito tradicional de año nuevo o un vaso de Wassail al final de un largo día pelando patatas.

Capítulo 7: Actividades y costumbres de Yule

Está usted paseando por el centro comercial y de repente vislumbra grandes troncos y árboles de hoja perenne. Se da la vuelta y ve un enorme despliegue de adornos de Yule. No puede evitar sonreír al pensar en las próximas fiestas. Empieza a planificar las diversas actividades que realizará para celebrarlo. Probablemente pasará tiempo decorando su casa, horneando galletas navideñas y envolviendo regalos. También es posible que asista a una o dos fiestas navideñas o incluso que vaya a cantar villancicos. Por supuesto, también querrá tomarse un tiempo para relajarse y disfrutar de la compañía de su familia y amigos. Pero, independientemente de cómo decida pasar sus vacaciones, una cosa es segura, serán alegres y brillantes. He aquí algunas de las actividades más importantes que puede realizar con su familia cuando celebre la fiesta de Yule. Pero antes, también es importante comprender el valor esencial de la fiesta de Yule.

Yule: una fiesta de retribución

Mucha gente piensa que Yule es una versión pagana de la Navidad, pero es mucho más. Mientras que la Navidad es una época de dar y donar a los necesitados, Yule retribuye a la naturaleza, a los animales y a los pobres y necesitados. Es un momento para celebrar el ciclo de la vida y recordar que todos estamos conectados. Todos formamos parte de la misma red de vida. Cuando devolvemos a la naturaleza, en realidad nos estamos devolviendo a nosotros mismos. Cuando damos a los pobres y necesitados, estamos ayudando a crear un mundo más equilibrado y justo.

Decorar un árbol de Yule

Para mucha gente, decorar un árbol de hoja perenne es esencial para celebrar la festividad de Yule. Decorar árboles de hoja perenne era una parte fundamental de las celebraciones paganas del solsticio de invierno. Para los paganos, los árboles de hoja perenne simbolizaban la nueva vida y la esperanza en el futuro. A menudo se decoraban con elementos que representaban la fertilidad, como bayas y flores. En algunos casos, los paganos colgaban pequeños trozos de comida en el árbol para dar gracias a los dioses por una cosecha abundante.

Al celebrar Yule con su familia, hay algo especial en decorar el árbol para las fiestas. Es una oportunidad para pasar tiempo con la familia, estrechar lazos en torno a tradiciones compartidas y dar rienda suelta a la creatividad. Si está pensando en decorar sus salones este año, ¿por qué no empezar con un árbol de Yule? He aquí una guía paso a paso que le ayudará a empezar:

- En primer lugar, reúna sus materiales. Necesitará un árbol (real o artificial), luces, guirnaldas y adornos. Haga recortes de cartón de diferentes alimentos o encuentre modelos de plástico en una tienda. Busque luces que se asemejen a velas incandescentes, bayas y flores. Una vez que tenga todo lo que necesita, es hora de ponerse en marcha.

- Empiece por ensartar las luces alrededor del árbol. Enrollarlas alrededor del tronco y las ramas siguiendo un patrón en espiral siempre queda bien. Asegúrese de que las luces parecen velas invertidas porque los antiguos paganos decoraban el árbol de Yule al aire libre y lo adornaban con velas colgantes para simbolizar el sol, las estrellas y la luna. Una vez colocadas las luces, es hora de añadir la guirnalda. Colóquela alrededor del árbol formando bucles, empezando por arriba y bajando. Si utiliza ganchos para adornos, ahora es el momento de añadirlos a las ramas.

- A continuación, es el momento de colgar los adornos. Empiece por los adornos más grandes y vaya bajando hasta los más pequeños. Los adornos pueden ser desde modelos de frutas de plástico hasta pequeñas flores.

Y, ¡¡¡voila!!! Ya tiene listo su árbol de hoja perenne de Yule.

Haga una tarjeta de felicitación de Yule

Las fiestas navideñas son una época especial del año en la que la familia y los amigos se reúnen para celebrar. Una forma de demostrar a sus seres queridos lo mucho que le importan es enviándoles una tarjeta de felicitación de Yule. Estas tarjetas pueden ser caseras o compradas, pero siempre deben ser personales y firmadas. Para los niños, hacer sus propias tarjetas de Yule es una forma estupenda de hacerles partícipes del espíritu navideño.

Para hacer una tarjeta de felicitación de Yule, primero, reúna sus materiales. Necesitará cartulina, tijeras, pegamento y cualquier otro adorno que desee utilizar (rotuladores, purpurina, etc.). Si es ambicioso, puede hacer su propio papel.

A continuación, es hora de empezar con las manualidades. Deje que sus hijos se suelten con las tijeras y que recorten las formas que quieran. Cuando tengan un buen montón de recortes, ayúdeles a pegarlos en la cartulina para crear su obra maestra. Si van a utilizar otros adornos, ahora es el momento de añadirlos. Pueden decorar las tarjetas con dibujos o pinturas y escribir bonitos mensajes en el interior. Esto no solo creará recuerdos entrañables para los años venideros, sino que también difundirá la alegría navideña. Así pues, considere la posibilidad de hacer y enviar tarjetas de felicitación de Yule como una forma divertida y significativa de celebrar la temporada.

Encienda un tronco de Yule

Encender un tronco de Yule es la parte más importante de una fiesta de Yule
Joe Malzone, CC BY-SA 4.0 <https://creativecommons.org/licenses/by-sa/4.0>, vía Wikimedia Commons: https://commons.wikimedia.org/wiki/File:The_Yule_Log.jpg

El tronco de Yule es una parte importante de la fiesta de Yule, y encenderlo en su casa es una forma estupenda de disfrutar de la festividad con su familia. El tronco de Yule es la parte más importante de la fiesta de Yule, ya que significa el poder del sol y estaría encendido durante los 12 días completos de Yuletide. Hoy en día, es muy difícil practicar la quema de troncos de Yule al aire libre, principalmente se encienden troncos en la chimenea. Encender el tronco de Yule también trae buena suerte para el año venidero. Si busca una forma de añadir algo más de magia a sus celebraciones de la fiesta de Yule, decore su tronco de Yule con canela en rama, acebo y muérdago. Es una forma divertida de disfrutar de la festividad con su familia y amigos y de atraer la buena suerte para el año venidero.

¿Busca otras formas divertidas y creativas de celebrar las fiestas con sus hijos? ¿Por qué no hace su propio tronco de Yule en casa? Necesitará tres trozos de madera (de la misma longitud, pero de distinto diámetro), alambre para atar (los alambres son más seguros, pero también puede utilizar una cinta), paja para manualidades, agujas de pino, hojas y bayas (alternativa). Ate los troncos de menor diámetro con el alambre o la cinta. A continuación, coja el tronco de mayor diámetro y colóquelo perpendicular a los troncos atados. Por último, decore su tronco de Yule con paja, agujas de pino, hojas y bayas. Esta actividad es una forma estupenda de enseñar a sus hijos la importancia de la naturaleza durante las fiestas navideñas. Por no mencionar que es muy divertida.

Participe en las actividades de Yule

La fiesta de Yule es un gran momento para celebrar con la familia y los amigos y festejar. Una de las mejores formas de celebrar el momento de reunirse con la familia y los amigos es participando en actividades de entretenimiento de Yule. Las películas con temática de Yule son una forma excelente de entrar en el espíritu festivo y enseñar a los niños las costumbres y tradiciones de Yule. Leer libros sobre Yule es otra forma estupenda de que los niños aprendan sobre esta época especial del año. Los concursos, los rompecabezas y los juegos también son una forma estupenda de entretener a los niños y ayudarles a aprender sobre las costumbres y tradiciones de Yule. Participar en estas actividades es tiempo de calidad en familia; sus hijos disfrutarán de la temporada de Yule mientras aprenden algo nuevo.

Cree una corona de hojas perennes

¿Sabía que decorar su casa con coronas de hojas perennes es muy importante durante la festividad de Yule? Puede parecer una decoración sencilla, pero tiene un gran significado. Los materiales utilizados para hacer la corona, tejo, acebo, pino, muérdago y hiedra, representan cosas diferentes. Por ejemplo, el tejo representa la vida eterna, la protección y la prosperidad. El acebo y la hiedra alejan la energía negativa, el pino tiene magia curativa y el muérdago aporta fertilidad y abundancia. Al colgar una corona de hojas perennes en su casa, invita a todas estas cosas positivas a su vida.

Pero, ¿por qué limitarse a una corona? Sueñe en grande y haga un arbusto de solsticio. Se trata de un gran arbusto de hoja perenne decorado con todo tipo de artículos festivos. Se cree que su deseo se hará realidad si pide un deseo mientras está de pie bajo el arbusto del solsticio. Así que, para aportar un poco más de magia a su vida en estas fiestas, decórelo con coronas y arbustos de hoja perenne.

Vaya de excursión por la naturaleza en el solsticio

El solsticio de invierno es el día más corto del año y, para los paganos, marca el comienzo de un nuevo ciclo. Celebrar el solsticio con una excursión familiar es una forma saludable de conectar con la naturaleza y sentir el poder de la estación. Estar en la naturaleza, rodeado de verdor, ayuda a sentirse más conectado con la tierra y a comprender el verdadero significado de la fiesta de Yule. Sentarse en la naturaleza, sentir el sol en la cara y ser uno con los elementos puede ser una experiencia muy enraizadora. Le ayudará a apreciar el cambio de las estaciones y a conectar con las raíces paganas de Yule. Llevar a su familia de excursión por el solsticio de invierno es un ritual importante en el que comprenderá y apreciará el verdadero significado de esta estación tan especial.

Si desea una experiencia realista de las antiguas fiestas de Yule, ¿qué mejor forma de celebrarlo que pasando una noche al aire libre bajo las estrellas? Una excursión por la naturaleza es una actividad perfecta para implicar a toda la familia. Cuando caiga la noche, encienda una hoguera y disfrute de un festín, bebiendo cerveza o vino, escuchando las historias de las antiguas leyendas de Yule sobre los dioses nórdicos y su importancia para el festival de Yule. Una velada bajo las estrellas es una forma perfecta de conectar con sus raíces paganas y la naturaleza como hacían los antiguos paganos y aprender más sobre la tradición. Además, es una experiencia única que disfrutará toda su familia.

Retribuya a la naturaleza

La temporada de Yule es una época de celebraciones, y mucha gente disfruta decorando sus casas y patios con luces y verdor. Sin embargo, también es importante recordar el verdadero significado de las fiestas devolviendo algo a la naturaleza. Una forma de retribuir es esparcir semillas para los pájaros y otros animales o plantar nuevos árboles. También puede dar de comer a los animales de su zona o simplemente pasar tiempo disfrutando de la vida salvaje que le rodea. Tomando estas sencillas medidas, puede ayudar a preservar las antiguas tradiciones paganas de Yule y mostrar su aprecio por la naturaleza. Además, estas actividades son una forma estupenda de enseñar a su familia la importancia de devolver algo al mundo natural. Así que, estas fiestas, tómese un tiempo para agradecer a la naturaleza devolviéndole algo a su manera.

Intercambie regalos inspirados en la naturaleza

La fiesta de Yule es un momento para celebrar el mundo natural y mostrar agradecimiento por todo lo que hace por nosotros. Una forma de celebrarlo es intercambiando regalos basados en la naturaleza con nuestros seres queridos. Artículos tradicionales como las coronas de hojas perennes y las ramas de acebo son símbolos significativos de la estación y nos recuerdan la importancia de mantener una conexión con la naturaleza. Además, hacer regalos de la tierra muestra nuestra gratitud por todo lo que nos proporciona. Intercambiar regalos puede ser un poderoso acto de intención que ayuda a inclinar a las personas más hacia la naturaleza. Así que, este Yule, tómese un momento para conectar con el mundo natural y expresarle su agradecimiento. Seguro que aportará algo más de alegría a sus fiestas. Algunas ideas para regalar son

1. Incienso de hierbas

El incienso se ha utilizado durante siglos en ceremonias religiosas y para crear un ambiente de olor agradable. Se elabora a partir de diversos materiales naturales, como flores fragantes, plantas y hierbas. El incienso elaborado con estos materiales es un magnífico regalo para las fiestas de Yule.

Una de las ceremonias más antiguas que se conocen consiste en utilizar humo de hierbas para ofrecer plegarias a los dioses. Haga una variedad de olores y mezclas, embotéllelas o embólselas y regáleselas a sus amigos en una colorida cesta con un quemador de incienso. Sus amigos apreciarán la consideración del regalo y disfrutarán utilizando el incienso en sus hogares.

2. Velas perfumadas

Cualquiera que haya entrado alguna vez en una tienda de velas aromáticas conoce el abrumador poder de la fragancia. Tanto si prefiere el olor de las rosas recién cortadas, del jazmín o de la lavanda, hay un aroma para cada persona. ¿Qué mejor forma de difundir la alegría navideña que con una vela perfumada? Las velas aromáticas son el regalo de Yule perfecto para cualquier persona de su lista. Añaden un olor agradable a cualquier habitación, pero también pueden iluminar su noche festiva. Al dispersar el aroma de hierbas, flores y otras plantas, creará la atmósfera perfecta para su celebración de Yule. Así que no busque más allá de una vela con aroma a hierbas para un regalo único y considerado.

3. Cristales

Los cristales naturales son un gran regalo de Yule y Wicca por sus propiedades mágicas. Los cristales ayudan a aliviar muchos problemas, lo que los convierte en un regalo ideal para sus seres queridos. Por ejemplo, los cristales ayudan a curar el dolor físico y emocional, favorecen la relajación y protegen contra la energía negativa. También limpian y purifican el espacio, potencian la energía creativa y promueven la prosperidad. Puesto que son tan versátiles y tienen tantos usos diferentes, los cristales naturales son un regalo maravilloso para casi cualquier persona de todas las edades y culturas de su lista.

4. Aceites esenciales

Los aceites esenciales de hierbas y los aceites mágicos son regalos estupendos para cualquier ocasión, pero son especialmente adecuados para las celebraciones de Yule y Wicca. Las propiedades curativas de estos aceites son beneficiosas para la mente y el cuerpo. La aromaterapia es popular por aliviar el estrés, mejorar la claridad mental y aumentar los niveles de energía. Dado que estos aceites proceden de fuentes vegetales naturales, están en armonía con la naturaleza, lo que los hace ideales para el trabajo con hechizos y otros rituales. Además, los agradables olores de estos aceites ayudan a crear un ambiente festivo y edificante.

Wassailing

El wasailing es una importante costumbre y ritual que se lleva a cabo durante la celebración del festival de Yule. La palabra "wassail" proviene del nórdico antiguo "ves heill", que significa "tener buena salud". El wassailing es una práctica que consiste en ir de puerta en puerta, cantar villancicos y ofrecer un brindis a los vecinos para difundir el buen ánimo y traer bendiciones para el año venidero. La copa de wassail era tradicionalmente de barro o peltre y se llenaba de sidra, cerveza o vino, a veces con especias o frutas añadidas para darle sabor. La copa de wassail se pasaba de mano en mano y cada persona tomaba un sorbo antes de pasar a la siguiente casa. El wassailing era una forma de fomentar la comunidad y el compañerismo durante los fríos y oscuros meses de invierno. También se creía que el ruido de los cantores de villancicos ahuyentaría a los malos espíritus. Hoy en día, mucha gente sigue disfrutando del wassailing como parte de sus celebraciones de Yule. Es una forma maravillosa de reunirse con amigos y familiares y crear recuerdos duraderos.

Realice un ritual de deseos y gratitud

Una forma estupenda de entrar en el espíritu navideño es encender velas y establecer intenciones para el año. Crear un ambiente acogedor y festivo también le ayuda a centrarse en sus objetivos y visualizarlos cumplidos. Encienda una vela y pronuncie sus propósitos. Después, medite con la vela y deje que se consuma mientras visualiza sus ambiciones haciéndose realidad. Si lo prefiere, escriba sus propósitos de antemano para poder referirse a ellos durante la visualización. Esta actividad de Yule seguro que le motivará para el año que comienza.

Otra forma de hacer que la temporada sea aun más especial es tomarse un tiempo para reflexionar sobre todo aquello por lo que se siente agradecido. Encender velas y escribir su gratitud es excelente para mostrar aprecio por las bendiciones de su vida. También puede dar las gracias a los espíritus de la naturaleza, a los dioses y a sus antepasados por su guía y apoyo. Expresar su agradecimiento le aportará alegría y atraerá aun más abundancia a su vida. Así que, para que su celebración de Yule sea aun más significativa, añada algo de gratitud a la mezcla.

Cantar villancicos paganos

Hay algo especial en cantar villancicos paganos durante la fiesta de Yule. Quizá sea porque realmente puede soltarse y ser usted mismo sin preocuparse por lo que piensen los demás. O tal vez sea porque los villancicos paganos son sencillamente muy pegadizos. Sea cual sea la razón, cantar villancicos paganos es uno de los aspectos más divertidos de la fiesta de Yule. Hay un montón de grandes villancicos paganos entre los que elegir, como "El acebo y la hiedra", "*Deck the Halls*", "Santa Claus también es pagano" y "Nosotros los Reyes Magos". Así que, tanto si solo quiere desahogarse como si quiere disfrutar de la alegría navideña a la antigua usanza, coja a sus amigos y empiece a cantar villancicos paganos. Seguro que se lo pasa en grande.

El acebo y la hiedra

Mucha gente se sorprende al saber que el popular villancico "El acebo y la hiedra" tiene orígenes paganos. El acebo, con sus hojas perennes y bayas rojas, simboliza la fertilidad invernal, mientras que la hiedra, con sus hojas verdes y flores blancas, representa la vida eterna. Juntas, estas plantas representan el ciclo siempre renovador de la naturaleza. Es probable que el villancico se remonte a la época medieval, cuando Europa aun era mayoritariamente pagana. Con el tiempo, se hizo cada vez más popular en las celebraciones wiccanas de Yule, probablemente debido a su alegre melodía y su mensaje optimista. Hoy en día, "El acebo y la hiedra" sigue siendo uno de los villancicos paganos más interpretados durante las fiestas navideñas.

Nosotras las tres brujas

Nosotras tres brujas es un villancico pagano popular que muchos han disfrutado durante siglos. La canción cuenta la historia de tres brujas que se reúnen en la noche de Halloween para realizar su magia negra. Aunque la letra puede ser desenfadada, el mensaje que encierra la canción es bastante serio. Las tres brujas representan los elementos de la tierra, el viento y el fuego, y su reunión en la noche de Yule simboliza la unión de estas fuerzas para crear un poderoso hechizo. La canción también rinde homenaje a la fiesta pagana de Samhain, que tradicionalmente era un momento para honrar a los muertos y celebrar el cambio de las estaciones. Hoy en día, Nosotras las tres brujas, sigue siendo una elección popular para las fiestas y celebraciones wiccanas, y su popularidad no muestra signos de decaer.

Papá Noel también es pagano

Papá Noel es una figura popular en la cultura cristiana, y su imagen se utiliza a menudo para vender de todo, desde juguetes hasta árboles de Navidad. Sin embargo, algunas personas ven a Papá Noel como un símbolo del paganismo, y el villancico "Papá Noel también es pagano" refleja esta perspectiva. La letra del villancico afirma que Papá Noel es un dios pagano que ha sido "blanqueado" por las iglesias cristianas. Además, el villancico sugiere que la Navidad es una fiesta pagana que ha sido cristianizada, lo que refleja la creencia de que el cristianismo ha cooptado las tradiciones paganas. Tanto si ve a Papá Noel como un viejo alegre o como un símbolo del paganismo, no se puede negar que es una parte integral de la cultura de Yule.

Estas actividades y costumbres se utilizan durante las celebraciones del festival de Yule para crear un ambiente divertido y festivo. Tomarse un tiempo para bajar el ritmo y disfrutar de la compañía de sus seres queridos crea recuerdos duraderos que se aprecian mucho después de que termine la temporada de Yule. Sean cuales sean sus planes para celebrar Yule, incorpore algunas de estas tradiciones consagradas por el tiempo.

Capítulo 8: Rituales y ceremonias de Yule

La temporada de Yule es una época de gran importancia en muchas culturas de todo el mundo. Para muchos, es el momento de celebrar el solsticio de invierno y el regreso del Sol. También es un momento para reflexionar sobre el año pasado y establecer intenciones para el año venidero. Durante siglos se han practicado muchos rituales y ceremonias diferentes de Yule. Estos rituales consagrados por el tiempo, desde decorar el árbol de Yule hasta cantar villancicos alrededor de la chimenea, crean un sentimiento de unidad y pertenencia. Cada uno de estos rituales tiene su significado y propósito, pero todos son esenciales para celebrar esta época especial del año. Pero, ¿qué tienen estas actividades que las hace tan especiales? Averigüémoslo.

Ritual del tronco de Yule

El tronco de Yule era una parte crucial de las celebraciones del solsticio de invierno en muchas culturas. La festividad conmemoraba el regreso del Sol y el alargamiento de los días. El tronco de Yule simbolizaba el poder del Sol, y se creía que su calor ahuyentaba a los malos espíritus. El tronco de Yule representaba al Sol, y la gente esperaba animar al Sol a seguir brillando quemándolo.

Los antiguos paganos mantenían el tronco ardiendo durante doce días, y diariamente se rociaba sobre él un poco de cerveza, hidromiel, aceite o sal. El último día, el cabeza de familia llevaba el tronco a la casa y lo colocaba en el hogar. Al año siguiente, se utilizaba un trozo del tronco viejo para encender el nuevo. Se creía que las cenizas y los restos del tronco de Yule tenían propiedades mágicas. Se esparcían por la casa y la granja para protegerse de los malos espíritus. Hoy en día, el tronco de Yule se utiliza a menudo como decoración, pero algunas personas siguen manteniendo las antiguas tradiciones. Tanto si se utiliza para ahuyentar a los malos espíritus como para disfrutar de su calor, el tronco de Yule es una parte importante de las celebraciones del solsticio de invierno.

Las celebraciones modernas de Yule difieren un poco de los antiguos rituales paganos. En muchos lugares no se permite quemar troncos al aire libre, por lo que las familias recurren a quemar el tronco y realizar sus rituales en el interior de sus chimeneas. Debido a que los distintos tipos de madera tienen características mágicas y espirituales variadas, se queman troncos de varios árboles para conseguir diversos resultados. Una familia que aspire a un año próspero podría quemar un tronco de pino, mientras que una pareja que busque la fertilidad podría quemar un tronco de abedul en su hogar. El gran roble indica fuerza y conocimiento, mientras que el álamo temblón es la madera de la iluminación espiritual. Muchas familias combinan varios troncos de madera y los atan con cinta para crear un enorme tronco ritual que englobe todos sus beneficios.

Se pide a todos los miembros de la familia que se reúnan alrededor del tronco de Yule o de la chimenea cuando se realiza el ritual del tronco de Yule. El patriarca de la familia enciende el tronco. Los adultos de la casa comienzan sus oraciones cuando el tronco prende fuego, diciendo:

"La Rueda ha girado una vez más, y
la tierra se ha dormido.
Las hojas se han ido y las cosechas han vuelto a la tierra.
En esta noche tan oscura, celebramos la luz".
"Mañana, el Sol regresará, su viaje continuará como siempre.
Bienvenido de nuevo, calor.
Bienvenida de nuevo, luz.
Bienvenida de nuevo, vida".

Tras esta ceremonia por parte de los adultos, todos los miembros de la familia circunnavegan el tronco ardiendo varias veces. Una vez instalados de nuevo en su posición original, los niños rezan al tronco de Yule ardiendo diciendo:

"Las sombras se van, la oscuridad ya no existe,
la luz del Sol vuelve a nosotros.
Calienta la tierra.
Calienta el suelo.
Calienta el cielo.
Calienta nuestros corazones.
Bienvenido de nuevo, Sol".

Una vez terminada la oración, todos los miembros de la familia se acercaban al altar y expresaban su gratitud a cada uno de ellos. Por ejemplo, a sus madres por proporcionarles alimentos y cuidar de ellos durante todo el año o a sus hijos por ser una inspiración constante. Cuando por fin terminaba el ritual, era obligatorio sentarse alrededor del fuego, cantar canciones y contar historias sobre leyendas paganas y dioses nórdicos. Algunas familias mantienen los troncos ardiendo durante 12 días en su chimenea para representar la antigua forma de esta práctica. Las cenizas del tronco quemado deben guardarse en un tarro o esparcirse por su casa y su lugar de trabajo. Las cenizas traen más suerte para el año venidero y alejan a los malos espíritus.

Considere la posibilidad de practicar el ritual del tronco de Yule con su familia para añadir más significado a sus fiestas. Es una forma estupenda de mostrar su gratitud y crear recuerdos duraderos.

El ritual de Yule del regreso del sol

El ritual de Yule es una antigua tradición que celebra el regreso del Sol. Practicado originalmente por los druidas, el ritual de Yule ha sido adaptado por muchas culturas a lo largo de los siglos. Los días durante Yule son cortos, el clima es frío y la melancolía postvacacional se instala. Así que no es de extrañar que muchas culturas tengan festivales de invierno centrados en la luz. Después de todo, ¿qué puede ser más alegre que devolver la luz a su hogar y a su vida? Celebrada por paganos y cristianos por igual, esta fiesta conmemora el solsticio de invierno, cuando el Sol alcanza su punto más bajo en el cielo. Como festival de la luz, las festividades de Yule suelen implicar muchas velas, colores brillantes, símbolos solares o incluso una hoguera. Tanto si enciende una vela para ahuyentar la oscuridad como si se reúne alrededor de una hoguera para contemplar el amanecer, el ritual de Yule de devolver el Sol es una forma estupenda de celebrar el final de la noche más larga del año. El ritual de Yule nos recuerda que el Sol siempre volverá, incluso en los momentos más oscuros. Es un momento para reunirse y celebrar los nuevos comienzos.

Celebre el regreso del Sol preparando diversos manjares invernales como pan de maíz, aliño de arándanos, pudin de ciruelas, estofado de caza, etc. Antes del ritual, haga que toda la familia cene junta. Cuando haya terminado el festín, limpie la zona y cubra su mesa o altar con velas. Asegúrese de colocar la vela solar en el centro. Una vela solar no es más que una vela asignada en el ritual para representar al Sol. Puede ser de color dorado o dorado e incluso puede estar grabada con sigilos solares.

Apague las luces y reúna a todos alrededor del altar. Frente a las velas, rece

"La rueda del año ha girado una vez más y las noches se han hecho más largas y frías.

Esta noche, la oscuridad comienza a retirarse y la luz inicia su regreso una vez más.

Mientras la rueda sigue girando, el Sol vuelve a nosotros una vez más".

Mientras enciende la vela solar, diga:

"Incluso en las horas más oscuras, incluso en las noches más largas, la chispa de la vida perdura.

Yacía latente, esperando, lista para regresar cuando llegara el momento adecuado.

La oscuridad nos abandonará ahora, cuando el Sol inicie su viaje de regreso a casa".

Encienda las demás velas, empezando por las más cercanas a la vela del Sol, y siga hacia fuera. Diga mientras enciende cada una

"A medida que la rueda gira, la luz regresa.

La luz del Sol ha vuelto a nosotros, trayendo consigo vida y calor.

Las sombras se desvanecerán y la vida continuará.

Estamos bendecidos por la luz del Sol".

Cuando haya terminado el ritual, reflexione sobre todas las cosas buenas que han ocurrido este año. Piense en sus expectativas y percepciones sobre el futuro y en cómo el Sol naciente le ayudará a conseguir todo lo que desea. Después de meditar, siéntese y disfrute de un poco de ponche de huevo y galletas mientras se deleita con la luz de las velas.

El ritual de la diosa de Yule

La diosa de Yule es una figura clave en muchas celebraciones paganas del solsticio de invierno. También conocida como la diosa Madre de la Gran Madre, se la considera un símbolo de esperanza y renovación. En muchas tradiciones, su papel es dar a luz al nuevo dios del sol en el solsticio de invierno, marcando el regreso de días más largos y un clima más cálido. La diosa de Yule también se asocia con otros aspectos de la naturaleza, como las plantas y los animales. Sus símbolos incluyen el acebo y la hiedra en algunas tradiciones, que representan la fertilidad y el renacimiento. Los rituales relacionados con la diosa de Yule suelen incluir cantos, bailes y banquetes. Estas actividades contribuyen a crear un sentimiento de comunidad y pertenencia y brindan la oportunidad de conectar con el mundo natural. La diosa de Yule es un poderoso recordatorio del ciclo de la vida y la muerte y de la importancia de respetar y honrar la naturaleza.

Cómo realizar el ritual en solitario

Realizar en solitario un ritual de la diosa de Yule es una forma estupenda de conectar con lo divino durante las fiestas. Busque un espacio tranquilo donde no le molesten. A continuación, encienda algunas velas e incienso para crear una atmósfera de paz. Asegúrese de tener velas de colores que representen la naturaleza como el verde, el rojo y el amarillo. Utilice varitas de incienso de canela, mirra e incienso para dar una sensación de naturaleza. A continuación, siéntese o póngase de pie ante su altar y respire profundamente para centrarse. Una vez que se sienta tranquila y centrada, comience su invocación invocando a la diosa de su elección. Si no tiene en mente una deidad específica, simplemente invoque la energía de la estación de Yule y susurre a la diosa:

"Es la estación de la diosa del invierno.

Esta noche celebro la fiesta del solsticio de invierno, el renacimiento del Sol y el retorno de la luz a la tierra.

Mientras la Rueda del Año gira una vez más, honro el ciclo eterno del nacimiento, la vida, la muerte y el renacimiento".

"Hoy honro a la diosa del bosque, la Madre de la naturaleza, que rige la estación.

Doy las gracias a la hermosa diosa, cuyas bendiciones traen nueva vida a la tierra.

Este regalo le ofrezco esta noche, enviándole mis plegarias por el aire".

Rituales para grupos

La Dama de Yule es la diosa renacida; sus cuentos de infancia representan las largas y oscuras noches de invierno. El Señor de Yule es el Rey Acebo, que gobierna la luz durante la mitad del año. Para realizar el ritual de la diosa de Yule, necesitará un pequeño grupo de personas, preferiblemente cuatro. También necesitará un árbol decorado, algunas ramas de hoja perenne, bayas de acebo, velas y un caldero. Tómese unos momentos para apreciar la belleza natural del árbol antes de decorarlo con las ramas de hoja perenne y las bayas de acebo, y recuerde a la diosa.

Para empezar, cada persona debe dedicar un momento a reflexionar sobre la historia de la Arpía y la Doncella. Cada persona asumirá el papel de suma sacerdotisa, de la Arpía y de la Doncella. Una vez asignados los papeles, es el momento de encender las velas y las varillas de incienso. Mientras enciende cada vela, diga en voz alta:

"Es la estación de la Arpía,

la época de la diosa del invierno.

Esta noche celebramos la fiesta del solsticio de invierno,

el renacimiento del Sol y el retorno de la luz a la tierra.

Mi estación ha terminado, pero comienza la de la Doncella.

Gracias por la sabiduría de tus años y por ver la estación hasta su final".

"Te has hecho a un lado para que la nueva estación pueda comenzar, y por ello, te honramos. Hacemos estas ofrendas esta noche para mostrarte nuestro amor, oh diosa. Por favor, acepta nuestros regalos y que sepas que entramos en esta nueva estación con alegría en nuestros corazones".

Una vez terminadas las oraciones, siéntese cerca del árbol de hoja perenne o salga a la naturaleza. Termine el ritual de Yule con un banquete y bebiendo cerveza en honor de la diosa.

Ritual de limpieza de Yule

El solsticio de invierno, o Yule, es un momento para celebrar el regreso del Sol y el renacimiento del mundo natural. También es una época de limpieza y purificación, a nivel personal y en nuestros hogares. Una forma de limpiar su hogar para Yule es realizar un ritual de limpieza. Puede hacerse la noche del solsticio o en los días previos. Para limpiar su hogar, necesitará un cubo de agua, un puñado de sal, una ramita de agujas de pino de hoja perenne, salvia, hierba dulce, muérdago y paciencia.

Empiece por echar un círculo alrededor de su casa, utilizando agua salada para crear una barrera invisible que protegerá su espacio durante el ritual. Una vez echado el círculo, encienda algunas velas e incienso, y rece una oración o invocación pidiendo la guía de los espíritus de la naturaleza. A continuación, empezando por la puerta principal, rocíe agua salada mientras recorre su casa, desterrando la energía negativa de cada habitación. Una vez hecho esto, combine una ramita de siempreviva, salvia, agujas de pino y muérdago y átelas con una cinta. Utilice estas plantas para limpiar su casa y difúndalas por todos los rincones. Se trata de una antigua tradición para eliminar el mal y las energías negativas presentes en la casa. Puede hacer la misma terapia en usted misma y visualizar toda la negatividad siendo extraída de su casa y de usted misma y disipándose en la nada. Por último, abra todas las puertas y ventanas para dejar entrar aire fresco y frío y atraer la energía positiva. Algunas personas, mientras limpian, cantan

"Yule está aquí, y yo emborrono este lugar,

Fresco y limpio, en el tiempo y en el espacio.

Salvia y hierba dulce, ardiendo libres,

como el Sol vuelve, así será".

Cuando haya terminado de emborronar, tómese un momento para apreciar la agradable energía que supone tener un lugar físico limpio.

Ritual de Yule para bendecir su árbol

Según las creencias paganas, los árboles de hoja perenne simbolizan la nueva vida y el renacimiento. En las profundidades del invierno, cuando el mundo es frío y oscuro, los árboles de hoja perenne nos recuerdan que la primavera volverá. Por esta razón, los árboles de hoja perenne se han asociado durante mucho tiempo a las celebraciones del solsticio de invierno. En muchas culturas, la gente bendecía un árbol de hoja perenne como parte de sus rituales de solsticio, pidiendo su protección y fertilidad en el año venidero. Hoy en día, la gente sigue bendiciendo árboles de hoja perenne como parte de sus celebraciones de Yuletide. Reafirman su fe en el ciclo de la vida y la muerte y su esperanza de un próspero año nuevo.

A la hora de elegir el árbol de hoja perenne perfecto, debe tener en cuenta algunas cosas. En primer lugar, considere el tamaño de su casa y elija un árbol que quepa cómodamente en su interior. A continuación, considere el tipo de árbol que desea. Si desea un árbol de hoja perenne tradicional, opte por un abeto o una pícea. Para algo un poco diferente, considere un pino o un cedro. Una vez que se haya decidido, es hora de dirigirse a la granja de árboles.

Cuando llegue a la granja, tómese su tiempo para pasear y examinar cada árbol. Preste atención a la forma y el tamaño general del árbol y asegúrese de que no hay zonas desnudas. Cuando haya encontrado el árbol perfecto, córtelo y llévelo a casa. Mientras corta el árbol, susurre

"Oh árbol perenne y poderoso, tú que estás lleno de vida.

Estoy a punto de hacer el corte y te pido permiso.

Te llevaremos a nuestro hogar y te honraremos,

adornándote de luz en esta estación del Sol.

Te pedimos, oh siempreviva, que bendigas nuestro hogar con tu energía".

Antes de decorar, debe bendecir el árbol. Encienda velas y varitas de incienso cuando traiga el árbol a casa. Cree un círculo de fundición alrededor del árbol. Al comenzar su oración, rocíe agua salada sobre el árbol de hoja perenne y diga:

"Por los poderes de la tierra, bendigo este árbol

para que permanezca sagrado, símbolo de vida,

estable y fuerte en nuestro hogar durante toda la temporada de Yule.

Por los poderes del aire, bendigo este árbol,

mientras los frescos vientos del invierno se llevan el equipaje del año viejo,

y damos la bienvenida al brillo del nuevo en nuestros corazones y en nuestro hogar.

Por los poderes del fuego, bendigo este árbol,
ya que los días se han acortado y las noches se han oscurecido,
pero el calor del Sol regresa, trayendo consigo la vida.
Por los poderes del agua, bendigo este árbol,
un regalo que hago, para que permanezca brillante y verde para nosotros un poco más de tiempo
para que podamos disfrutar de la armonía y la paz de Yule".

Ahora es el momento de decorar, y aquí es donde su familia puede sacar a relucir su creatividad. Ensarte algunas luces, cuelgue adornos caseros y bayas. No se olvide de la guirnalda y el espumillón. Estos toques finales harán brillar de verdad su árbol.

Ritual de bendición de Yule para la donación

Yule es una fiesta tradicional de invierno que se celebra desde hace siglos. La bendición de Yule forma parte de la tradición de Yule, un ritual en el que la gente ofrece donativos a los necesitados. La bendición de Yule se remonta a la antigüedad, cuando en el solsticio de invierno el velo entre los mundos era delgado y los espíritus podían cruzar a nuestro mundo. La bendición de Yule era una forma de proporcionar protección y buena voluntad a las personas vulnerables. Hoy en día, la bendición de Yule sigue siendo practicada por muchos para retribuir a los necesitados. Nos recuerda que, incluso en los tiempos más oscuros, todos podemos ayudar a que el mundo sea un poco más brillante.

Quizá se pregunte cómo se lleva a cabo el ritual de la bendición de Yule para las donaciones. Todos los donativos se reúnen en un círculo de fundición. Este círculo está marcado con cuatro puntos de dirección que representan el fuego, la tierra, el agua y el aire. Desde estos puntos, cada miembro del círculo reza y bendice las donaciones. Para llevar a cabo este ritual, necesitará velas y una representación simbólica de cada uno de los cuatro puntos. Por ejemplo, un recipiente con piedras, sal y arena representa la tierra; un cuenco ritual con alcanfor ardiendo o un tronco representa el fuego; una varilla de incienso representa el aire; un recipiente como un cáliz o un caldero lleno de agua o vino representa el agua.

Una vez que haya colocado los materiales en cada punto, empiece a acumular todas las donaciones en el centro del círculo. Coloque a cuatro personas con velas en los cuatro puntos y rece.

El miembro que está en el símbolo de la tierra enciende la vela y gira alrededor del círculo, diciendo:

"Que el poder de la tierra bendiga la donación.

La tierra es el hogar, la tierra y el fundamento de la comunidad.

Nutrida y firme, sólida, estable y llena de resistencia y fuerza,

es la base sobre la que construimos nuestra comunidad.

Con estos poderes de la tierra, bendecimos esta donación".

Una vez que el miembro que representa a la tierra termina sus oraciones y vuelve a su posición, el miembro con el fuego enciende su vela y gira de la misma manera, rezando:

"Que los poderes del fuego bendigan esta donación.

El fuego es el calor, la fertilidad de la acción, el traer el cambio,

la fuerza de voluntad y la energía, el poder de hacer las cosas,

El fuego es la pasión que impulsa a nuestra comunidad.

Con estos poderes del fuego, bendecimos esta donación".

Ritual de la Oración del Aire

"Que los poderes del aire bendigan esta donación.

El aire es el alma, el aliento de vida de una comunidad.

La sabiduría y la intuición, el conocimiento que compartimos libremente,

el aire se lleva los problemas de nuestra comunidad.

Con estos poderes del aire, bendecimos esta donación".

Oración para el ritual del agua

"Que los poderes del agua bendigan esta donación.

Limpiando y purificando, lavando la mala voluntad,

Llevándose con ella la necesidad, la carencia y la lucha.

El agua es lo que ayuda a mantener íntegra nuestra comunidad,

Con estos poderes del agua, bendecimos esta donación".

Tras las bendiciones, los donativos se entregan a los necesitados o para financiar organizaciones benéficas. En cualquier caso, el objetivo de la bendición de Yule es llevar felicidad y alegría a los demás durante estas fiestas.

Siguiendo los rituales de Yule mencionados, puede celebrar la fiesta de Yule precisamente como lo hacían los antiguos paganos. Es una forma estupenda de conectar con su herencia. Decorar su casa y preparar comidas y rituales festivos aumenta su sensación de bienestar y crea recuerdos duraderos con sus seres queridos. Así que, ¿por qué no prueba algunos de estos antiguos rituales de Yule? Podría descubrir que aportan un poco más de calidez y felicidad a sus fiestas.

Capítulo 9: Hechizos y bendiciones de Yule

Amor, paz, riqueza y conocimiento. Las razones para lanzar un hechizo no son pocas. El hechizo adecuado atrae lo que más necesita o repele lo que detesta.

Las bendiciones también tienen resultados mágicos. Sin embargo, no son tan poderosas como un hechizo. En resumen, una bendición no es más que una forma de reconocer una fuente de poder superior. Son plegarias y sirven como alternativa a decir "Gracias". Es una forma de expresar su gratitud y compromiso con la vida en el universo.

Las bendiciones y hechizos adecuados en el momento oportuno pueden conceder resultados maravillosos. Dado que Yule es una celebración tan importante, es innegable que se engloba dentro de este momento "adecuado".

Esta festividad incluye sus propios conjuntos de oraciones y hechizos. Añadirlos a la celebración general no es "una decoración más". Son tan importantes como cualquier ritual y merecen atención, respeto y un toque de seriedad.

Considere esta idea de seriedad no como una tarea rígida y aburrida. Al contrario, es una actividad hermosa e incluso divertida para conectar más profundamente con la energía del universo. Sin embargo, hay que seguir unas reglas con precisión para lograr la máxima eficacia.

La primera regla: No está permitido utilizar hechizos sobre otras personas sin su consentimiento. La brujería y la comunidad pagana desaconsejan completamente este acto. Tenga en cuenta que un hechizo es una herramienta poderosa. Por lo tanto, el hechicero corre el riesgo de fallar y obtener resultados que no esperaba. Afortunadamente, este es el peor de los casos y lo más probable es que no ocurra. De un modo u otro, interferir en la vida, los deseos, los pensamientos y los hábitos de otra persona es una mala acción. Pregunte siempre a la otra persona antes de lanzarle un hechizo, aunque tenga las mejores intenciones. Una vez que den su consentimiento, usted es libre de hacer lo que le plazca.

La segunda regla: Tome una sesión de meditación. Comenzar con un momento de atención plena es un aspecto clave. Al fin y al cabo, los beneficios de la meditación y los ejercicios de respiración son muchos y abarcan por igual el largo y el corto plazo.

No obstante, el motivo de una sesión de meditación es más sencillo. El objetivo es despejar la mente de cualquier distracción. Considere lo relevantes que son los pensamientos y las ideas para estas actividades. Los pensamientos perturbadores conducen a resultados perturbadores. Por lo tanto, una mente limpia y sin perturbaciones debe ser el objetivo cuando se trabaja con magia. Cuando la cabeza está libre de pensamientos ordinarios y regulares, nuestro ser está bien preparado para una concentración adecuada. Estamos relajados, listos para controlar y transmitir con claridad ideas más nítidas en nuestra mente. Por lo tanto, se recomienda meditar antes de cualquier ritual o hechizo.

Aunque el objetivo es fundirse con la naturaleza, está permitido utilizar la tecnología como guía. Por ejemplo, la música de fondo es una buena herramienta que complementa maravillosamente la meditación. Los auriculares también ayudan. Siempre que no le distraiga, puede probar cualquier cosa.

El tiempo recomendado para la meditación es de un mínimo de 10 minutos. Si desea ampliar el tiempo o no, depende solo de usted. La idea no es la cantidad sino la calidad de la meditación.

Las instrucciones para la meditación son las siguientes.

Siéntese o túmbese cómodamente en un sofá, una manta en el suelo, el propio suelo o cualquier superficie natural como arena o hierba. Si se siente relajado, entonces está en el camino correcto.

Una vez que haya encontrado su posición ideal, cierre los ojos. Inspire y espire profundamente por la nariz. Lleve el aire a los pulmones, sintiendo la pureza del elemento dentro de su cuerpo, déjelo salir suavemente. Repita el proceso a su ritmo; no hay necesidad de apresurarse. Sienta sus manos, pies y pecho. Observe cuánto se relaja cuanto más lo hace. Cada respiración le lleva más cerca de la relajación total.

En su mente, visualice una biosfera invernal. Descríbala. ¿Qué aspecto tiene? ¿Hay plantas y animales haciéndole compañía? ¿Está nevando? ¿Se encuentra en un bosque o en un desierto llano? ¿Hay una suave brisa tocando su piel? ¿Se asoman los rayos de sol entre los árboles? ¿Hay rayos de sol abrazándole por completo? ¿Puede oír algo memorable? Hágase estas preguntas y respóndalas en su mente con imágenes visuales. No hay respuestas erróneas. Cada individuo tiene su propia versión; solo asegúrese de que se trata de un día invernal.

Piense en el solsticio de invierno y en que es el día más corto del año. Reflexione sobre la última mitad del año. Piense en sus logros. Sus momentos favoritos. ¿De qué momento se siente más orgulloso? A continuación, concéntrese en los seis meses que tiene por delante. ¿Cuáles son sus objetivos? ¿Qué quiere conseguir? ¿Qué quiere experimentar? ¿Qué quiere crear o manifestar? ¿Cómo le gustaría sentirse? Visualícelos. Recuerde que no hay respuestas incorrectas.

Por último, vuelva al presente. Siga inspirando por la nariz y luego exhale suavemente. Mueva los dedos de los pies y de las manos. Mueva los brazos y los pies. Siéntalos. Una vez que haya terminado, abra los ojos. Lentamente, levántese y agradezca la experiencia. Puede rezar esta oración para contar sus bendiciones:

"Estoy agradecido por lo que tengo

No me aflijo por lo que no tengo

tengo más que otros y tengo menos que algunos

pero a pesar de todo, estoy bendecido

con lo que es mío".

Si por casualidad tiene una cuenta de oración pagana o algún objeto similar, sería estupendo utilizarlo para las oraciones. Más concretamente, cuente cada bendición con las cuentas. Tómese un momento para recordar todo aquello por lo que esté agradecido o en lo que haya pensado en la meditación anterior. Enumérelas en forma de lista. Una vez más, no hay respuestas incorrectas. Podría estar agradecido por su comida, su techo, un nuevo amigo o amante, una oportunidad de trabajo, un recuerdo feliz, un libro que ha leído o la meditación. El objetivo final es llenarle de positivismo.

Ahora ya está preparado para continuar con cualquiera de estos hechizos.

Hechizo de la Jarra de Yule

El Jarro de Yule es un hechizo fácil y relativamente rápido que puede realizarse en cualquier momento. Está creado para manifestar amor, encanto, buena suerte, éxito y prosperidad. Necesitará un frasco que se pueda cerrar. No es necesario que sea demasiado grande. Cuanto más pequeño, mejor. Si no está seguro de si el tarro es el adecuado o no, compruebe los ingredientes a continuación. Se dará cuenta de qué tamaño le conviene más.

Los elementos que debe colocar en un frasco son los siguientes:

En primer lugar, manzanilla, magnífica para atraer la suerte. Después, clavo, que también manifiesta suerte y prosperidad financiera. Añada jengibre para la seguridad en uno mismo y la sensualidad y nuez moscada para el amor y la pasión. La canela también atrae la pasión, así que añada una ramita entera al tarro. Tenga en cuenta que debe añadir y no sustituir estos elementos.

Busque también ralladura de naranja o un poco de aceite de naranja, que garantiza la salud, y romero para la claridad.

Por último, vainas de cardamomo y cuatro o cinco hojas de salvia.

Sin embargo, hay tres elementos más necesarios para que el hechizo tenga éxito:

- **Monedas:** Ocho, para ser más precisos. Estas representan la rueda del año. Pueden ser cualquier moneda, no necesariamente de gran valor.

- **Un cristal:** No hay un cristal específico. Tiene que ser uno de sus preferidos. Funciona mejor si la energía del cristal está correlacionada con sus deseos (cuarzo rosa para el amor propio, citrino para la riqueza, etc.).

- **Una cinta de color:** Esto se atará al frasco al final del proceso. Utilice la cinta que más le guste.

Cuando tenga los objetos, diríjase a su altar y encienda algunas velas. Llame a su dios o diosa. Si no está seguro de a quién llamar, puede llamar al universo o a la energía de los elementos en su lugar.

Coloque cada elemento natural en el frasco. Hágalo como quiera, pero le animo a que lo haga con la mayor delicadeza posible. Trátelo como una obra de arte. Imagine que está pintando o construyendo una escultura. Enfóquelo también como una receta. ¿Por qué no? La intención es crear una atmósfera relajante y terapéutica. La atención a los detalles conduce a la concentración, lo que en última instancia ayuda a una manifestación más fuerte. Mientras coloca los elementos dentro del tarro, reflexione sobre sus deseos.

Este paso siguiente no es obligatorio, pero se recomienda encarecidamente para obtener mejores resultados. Coja un trozo de papel con su manifestación escrita en él. Una frase, una lista, usted elige. Asegúrese de colocarlo en el centro del tarro cuando termine.

Ahora, esparza las monedas dentro del tarro. El cristal también debe colocarse en el tarro, pero encima de los elementos. En cuanto termine, rece esta oración:

"Invoco a las deidades que sigo para que me den suerte y bendiciones mientras vuelve el calor.

Que haya amor y abundancia aquí y en todas las tierras.

Tierra, te doy esta ofrenda como agradecimiento por un año próspero y feliz y un nuevo giro de la rueda".

Cabe mencionar que "Tierra" puede sustituirse por el nombre de la diosa o dios de su preferencia.

Cierre el tarro y átelo con la cinta de color. Coloque la mano encima y aplíquele su energía. Por último, mencione estas palabras

"Ate estas hierbas y esperanzas para el futuro,

que haya suerte en todo lo venidero.

Bendito sea".

El hechizo está realizado y el frasco puede colocarse en su altar o en una estantería. Una vez manifestados sus deseos, vacíe el contenido del tarro en un entorno natural. No obstante, conserve el cristal y las monedas para no contaminar la tierra.

Hechizo de barrido

La temporada de Yuletide conmemora la victoria del bien contra el mal. Es un momento para limpiar las energías negativas del año pasado y abrir la puerta al nuevo año positivo.

Con este hechizo se abre la puerta para que entre la energía.

Se cree que tanto la puerta delantera como la trasera deben abrirse el primer día del año. Es una invitación para que la oscuridad abandone su casa (o limpie la negatividad) y al mismo tiempo dé una cálida bienvenida a la luz y la prosperidad.

En otras palabras, la puerta trasera es la salida al mal, y la puerta delantera es la entrada a la felicidad.

Este hechizo solo requiere dos elementos, un mechero y una vela perfumada (sustitúyala por una varilla de incienso si lo prefiere).

Diríjase a la puerta trasera y ábrala. Abra también cualquier ventana.

Si por casualidad tiene dos o más pisos, vaya a la parte superior de su casa (el ático es un buen lugar para empezar). La idea es ir de arriba abajo. Desde allí, diríjase a cualquier habitación y encienda la vela perfumada. En cada habitación, camine en el sentido contrario a las agujas del reloj, apoyando la vela en las paredes, los objetos valiosos, los cuadros y las esquinas repitiendo este mantra:

"El año viejo se desvanece ahora, por favor, limpie hoy la energía negativa".

Repita el proceso en todas las habitaciones. Baje un piso y empiece de nuevo hasta terminar con toda la casa. La última habitación que debe visitar es la que tiene la puerta trasera abierta. En la puerta, despídase de lo viejo, lo negativo y las penas.

Exclame: "*¡Que así sea!*". Luego cierre la puerta y las ventanas.

Ya ha recorrido la mitad del camino. Lo siguiente es abrir la puerta principal. Del mismo modo, debe volver a pasar la vela encendida por todos los objetos y rincones de la casa. Sin embargo, esta vez camine en el sentido de las agujas del reloj.

Diga en voz alta: "*Nuevo comienzo, nuevo año. Tráeme paz, prosperidad y felicidad*".

Cuando haya visitado cada habitación, suba las escaleras y repita el proceso. Usted decide cuando ha recorrido toda la casa, colocar la vela en cualquier lugar, dejarla encendida o apagarla. Diríjase a la puerta principal por última vez y diga: "*La prosperidad es bienvenida en esta casa. Que así sea*". Luego cierre la puerta principal.

Merece la pena señalar la importancia de la marcha en el sentido de las agujas del reloj y en sentido contrario. El antihorario sirve para eliminar la negatividad. Es una forma de "volver atrás" a través del año anterior, apartando el mal y la oscuridad. Por el contrario, pasear en el sentido de las agujas del reloj tiene el efecto contrario. Trae prosperidad y buena suerte. Manifiesta lo que está por venir en un futuro próximo. Por lo tanto, este es un paso muy importante, no lo olvide.

Fragancia festiva mágica

Impregnar su casa con un aroma dulce ya es suficiente para atraer la felicidad. ¿A quién no le gusta el olor de un hogar aromático?

Un perfume normal funciona de maravilla, pero ¿por qué no hacer dos amigos con un solo regalo?

Pruebe con un aroma mágico. Le proporcionará protección y prosperidad acompañadas de un delicioso olor.

Todo lo que necesita es un cazo lleno de agua. Añada uno o varios de estos elementos:

- **Canela en rama:** Dos o más para la pasión, el éxito y la prosperidad.
- **Clavos de olor:** Entre ocho y doce para aumentar la riqueza.
- **Jengibre:** Puede añadir un par de rodajas para la confianza y la prosperidad.
- **Naranja:** Puede cortarla en rodajas o utilizar algunas cáscaras, aunque yo recomiendo utilizar una naranja entera para la salud y la positividad.

Elija los ingredientes en función de lo que desee atraer. Vierta los ingredientes en la cacerola y caliéntela a fuego lento. A continuación, remueva en el sentido de las agujas del reloj (preferiblemente con una cuchara de madera) mientras repite estas palabras: "Estos ingredientes llenos de poder mágico, éxito, suerte y prosperidad lloverán". Cuando el agradable aroma empiece a llenar la casa, apague el fuego y déjelo reposar un rato. Una sabia idea sería repartir el líquido en su jardín cuando haya terminado. Las plantas se lo agradecerán y usted estará devolviendo a la naturaleza lo que ella le dio a usted.

Hechizo para el amor y la prosperidad en la década siguiente

Este hechizo requiere una vela, un mechero y, si es posible, purpurina y aceite de canela. Los colores de la vela y la purpurina pueden ser verde, rojo, blanco o dorado.

Llame a su diosa o dios. Pida al universo que comparta su energía eterna con usted. Rece oraciones y bendiciones, aquellas con las que más resuene. Agradezca al universo este momento. A continuación, frote la vela con la purpurina de color y aceite de canela. Si lo prefiere, grabe una leyenda en el cuerpo de la vela relacionada con sus deseos más profundos. Hágalo antes de ungir la vela; de lo contrario, no será fácil con la purpurina y el aceite. Cuando termine, encienda la vela y rece esta oración en voz alta:

"Mientras reflexiono sobre la noche más larga del invierno,

doy la bienvenida con esta vela al regreso de la luz cálida.

Hacia el Año Nuevo, renacido y renovado.

El amor, la prosperidad y la suerte

me guiarán a través de él".

Deje que la vela arda el resto del día y de la noche. Si es posible, encienda otras velas que tenga en casa. Si hay una vela en casi todas las habitaciones, ¡mejor aun!

La nieve mágica

La nieve es una fuente de diversión y juego. Cree muñecos y muñecas de nieve, lance bolas de nieve a sus amigos y túmbese a hacer ángeles de nieve. Las posibilidades son infinitas.

Sin embargo, olvidamos que la nieve también es una fuente de magia. Aunque no es una gran sorpresa, teniendo en cuenta que la nieve se forma a partir de uno de los elementos principales. Las propiedades están ahí, esperando a ser utilizadas.

La magia de la nieve interfiere en aquellos hábitos de los que queremos deshacernos. Es una forma de "congelar" los patrones que nos arrastran para centrarnos únicamente en lo que nos conviene. Lo mejor de este hechizo es su sencillez. Todo lo que necesita es un lápiz o un bolígrafo, un trozo de papel y un día de nieve.

Escriba en el papel el hábito que desea eliminar de su vida. Utilice un bolígrafo de color si lo desea, sobre todo si el significado de ese color está relacionado con el nuevo hábito que quiere forjar. Una vez escrito, salga y diga el mal hábito en voz alta. Diga cómo dejará de estar encadenado a él. A continuación, entierre suavemente el papel en la nieve y déjelo allí.

Con el tiempo, la nieve se derrite, llevándose con ella su mal hábito. El agua lava el hábito y le espera un nuevo año de posibilidades.

Un hecho habitual es dar vueltas en nuestra cabeza, sin estar seguros de por dónde empezar. ¿Debo empezar por el hechizo más fuerte? ¿Debo ceñirme a más de uno? ¿Debo obligarme a hacer uno a pesar de no tener todos los elementos? Responderé a todo con solo tres palabras: "Tómeselo con calma". Las prisas solo perturban la mente y le distraen del verdadero resultado. Elaborar un hechizo es un acto serio, pero nadie pretende que no sea divertido o relajante. En caso de duda, empiece por el que considere más sencillo o pida ayuda a un amigo o familiar. Si fracasa, siempre puede darle una segunda oportunidad.

Por lo demás, le deseamos un feliz Yule, un feliz año y una feliz vida. Buena suerte y que el universo trabaje a su favor.

Capítulo 10: Su calendario de los 12 días de Yule

Nuestra querida Tierra verde nos da millones de razones para celebrar nada y todo a la vez. Las celebraciones nos recuerdan que, por mucho que luchemos, por difíciles y oscuros que puedan ser nuestros días o por injusta que nos parezca a veces la vida, siempre podemos detenernos un segundo y admirar las cosas que nos rodean. Siempre podemos reflexionar sobre nosotros mismos, nuestras vidas, la familia y los amigos, y el universo. Podemos esperar que vengan días mejores y emprender el camino para cambiar nuestras vidas y buscar significados a nuestra existencia. Las celebraciones nos reúnen con nuestros seres queridos y nos incitan a alegrarnos y compartir la felicidad con el mundo. Cuando las celebraciones se convierten en tradiciones y rituales, la alegría ya no se comparte entre nosotros, sino que se transmite a las generaciones futuras, heredada de los antepasados.

Este es el espíritu mismo de Yule, la festividad sin edad observada por muchas culturas desde hace miles de años. Es la celebración del retorno de la luz, del renacimiento del sol. Es un recordatorio del ciclo interminable de la vida y de la continuidad de la existencia, la luz tras la oscuridad, la muerte tras la vida y la vida tras la muerte. También es un recuerdo de la inmortalidad y de todas las cosas eternas. Dioses y diosas o la naturaleza regeneradora excelentemente encarnada en los inmutables árboles de hoja perenne, un símbolo poderoso y definitorio de Yule.

Yule es verdaderamente universal e intemporal. Este capítulo le sugerirá cómo puede celebrar los doce días del solsticio de invierno para ayudarle a deleitarse con una asombrosa observación de Yule. Traeremos a colación los cuentos y mitos que hay detrás de cada día.

Preparativos

Limpie/purifique su hogar

Despejar su espacio vital y limpiarlo todo es una forma estupenda de empezar el Año Nuevo. Es simbólico de lavar el pasado, desterrar la energía negativa o ahuyentar a los malos espíritus si no es especialmente amigo de ellos. Si quiere hacerlo con estilo, utilice una escoba, la clásica escoba de bruja. No se preocupe si no es una bruja; la escoba de escoba es para todos.

Prepare un altar

Además de deleitarse con una hermosa vista, construir un altar es una celebración del renacimiento del sol. Colóquelo junto a la chimenea si dispone de una. Si no, colóquelo en un lugar central, como una pared.

Queme un tronco

(¡Pero solo si puede conseguirlo!) Ya hemos hablado de cómo los árboles de hoja perenne son poderosos símbolos de vida, renacimiento e inmortalidad. Utilice un tronco de roble o de hoja perenne.

Decore

¿Qué sería mejor que tener un montón de ramas, ramitas y flores, tomadas de plantas y árboles sagrados para decorar su altar? Además, puede hacer una bonita corona, también de hoja perenne. Utilice pino, cedro u otras coníferas para que desprendan un agradable aroma. Hay un montón de ideas geniales para decorar aun más la casa o el altar, así que sea creativo. Runas talladas, pequeñas estatuas, monedas y frutas son algunos ejemplos.

Primer día | Noche de la madre

La primera noche de Yuletide podría ser prácticamente un festival por sí sola. Esta noche estaba dedicada a la Madre de Todo, Frigg, diosa del amor, el nacimiento, la maternidad, el matrimonio, la familia y muchas otras en la mayoría de las tradiciones germánicas. Todas las madres ancestrales, madres de clanes y otras deidades y espíritus femeninos, también llamados Disir, son honrados en esta celebración.

El renacimiento de Baldur

La noche de las madres tiene lugar la víspera del solsticio, el 21 de diciembre. Es el día más oscuro del año. Según la mitología nórdica, esta fue la noche en que la diosa madre Frigg dio a luz al dios del sol, Baldur. El renacimiento de Baldur se celebra porque trae lentamente la luz a medida que los días se alargan gradualmente. Esto recuerda a otras tradiciones celtas en las que se celebraba el regreso del sol, representado por el Rey Acebo.

La batalla de los dos Reyes

Muchas culturas celtas y wiccanas celebraban la primera noche del solsticio de invierno porque marcaba el renacimiento del sol. El Rey Acebo, o Rey Sol, derrota al Rey Roble, o Señor Oscuro, trayendo así de nuevo la luz. Esta renovación del año era una promesa para la llegada de la primavera.

Rituales de la primera noche

- **Honrar a las madres**

Puesto que es la Noche de las Madres, independientemente de sus creencias, es una oportunidad perfecta para honrar a las madres, ancestrales y vivas. Los marcos de su madre y sus abuelas son obviamente los más adecuados. Si lo prefiere, añada un cuadro o una estatuilla de la diosa madre Frigg.

- **Encienda velas alrededor del altar**

Este es el momento de encender una o varias velas junto al altar. Las velas son una forma excelente de dar la bienvenida al sol y al retorno de la luz. Encender una vela grande para representar al sol es una buena opción. Alternativamente, encienda tantas velas como desee para representar la luz. Asegúrese de tener una vela especial, más grande, que represente al sol. Qué tal si incluye un símbolo del sol porque, bueno, es lo apropiado.

- **Queme el tronco de Yule**

Posiblemente el ritual de Yule más icónico, la primera noche es cuando se pone a arder el tronco de Yule. Le sugerimos que utilice velas para encenderlo. Si está en familia o con amigos, cada uno puede sostener una vela, o todos sostienen la misma vela. Se recomienda encarecidamente reunir a todos para este ritual.

- **Recite oraciones**

Dependiendo de sus creencias, puede recitar oraciones en honor a las madres. Por ejemplo, las oraciones paganas a Frigg y a las Disir son muy apropiadas. Al fin y al cabo, es su día.

- **Realice rituales para dar la bienvenida al sol**

Antes, durante o después de encender las velas, busque bonitos rituales para celebrar el regreso del sol. Hay muchas oraciones tradicionales que puede consultar.

- **Haga una ofrenda**

Elija su ofrenda. Puede ser cualquier cosa, como un animal, rosas, pétalos, etc. Recite rituales mientras hace su ofrenda. Dedíquela a Frigg o a las madres en general. Considere la posibilidad de pronunciar un pequeño discurso en agradecimiento si su madre o sus abuelas están cerca.

- **Celebre una fiesta**

El primer día de Yule es un día de fiesta y regocijo. Dedique esta fiesta en honor de la Madre de Todo y de las madres ancestrales. El festín puede ser cualquier cosa, pero considere la posibilidad de ofrecer comida a las deidades. Coloque un plato de comida cerca del altar. El festín suele celebrarse después de que hayan tenido lugar todos los rituales.

- **Intercambie regalos**

Ahora es el mejor momento para abrir los regalos. Unos regalos bien pensados que demuestren lo mucho que sus allegados significan para usted alegrarán aun más el ambiente, haciendo que la primera noche de Yule sea una verdadera alegría para usted y para todos.

Segundo día | La noche de la caza salvaje

La segunda noche de Yule trata sobre todo de la protección y el valor. Muchas tradiciones nórdicas dicen que es mejor no salir solo, no sea que su alma sea arrebatada por el Padre de Todos Odín y su compañía de muertos. También es una noche en la que uno se enfrenta a sus miedos y se propone superarlos en el año siguiente. Esta noche se asociaba en algunas culturas con una de las Nueve Virtudes Nobles, la verdad.

La caza salvaje

Según muchas tradiciones germánicas, es muy desafortunado ser encontrado por los jinetes de la Caza Salvaje durante la segunda noche de Yule. Una hueste de muertos montados a caballo, dirigidos por el Todopoderoso Odín y acompañados por perros aulladores, se llevan las almas de los espíritus no deseados, de los caídos y de los vagabundos solitarios en su camino. Barrían la tierra con fuertes tormentas y sonidos de viento y se mostraban furiosos. A veces invadían los pueblos, entraban en las casas, robaban comida ¡y a veces niños! La gente se quedaba en casa durante esta noche y trataba de no molestar a Odín y a los muertos. Dejaban sacrificios junto a la puerta y ofrecían algo para que los jinetes de la Caza Salvaje se alimentaran, para que abandonaran a los suyos.

Rituales del segundo día

- **Haga una ofrenda**

Facilite el viaje de los jinetes de la Caza Salvaje ofreciendo una bebida a Odín y a sus jinetes junto a la puerta de su casa. No querrá correr ningún riesgo.

- **Pida protección a Odín**

Rece o realice rituales para pedir a Odín protección durante estos tiempos oscuros. Se dice que Odín y los muertos traen fertilidad a su paso. Si es un problema para usted, ¿por qué no intentarlo de todos modos?

- **Haga una fiesta**

Puede dedicar este festín a Odín.

- **Construya un Sleipnir de madera**

El caballo de ocho patas de Odín es una criatura clásica. ¿Por qué no fabrica uno usted mismo y lo coloca cerca del altar?

- **Vea una película de terror**

La Caza Salvaje está ahí fuera, y da miedo. No le pasará nada mientras no le vea la furiosa hueste de Odín. Puede mejorar la atmósfera espeluznante viendo una película de terror de Yule. Me vienen a la mente películas como Krampus y el Hogfather.

- **Comparta historias espeluznantes**

Reúna a sus allegados y lean cuentos de terror. En el entorno adecuado, leer historias de Creepypasta funciona a las mil maravillas.

- **Enfréntese a sus miedos**

Ya le hemos contado que los doce días de Yule son días de autorreflexión. Así pues, entre en el próximo año con la mente despejada, habiendo contemplado y superado sus miedos. El miedo entorpece nuestro espíritu y nuestras ambiciones, así que es mejor que prescindamos de él.

Tercer día | Fiesta Mayor de Yule

El tercer día de Yule es sagrado para Thor y Frey.

Thor y la cabra de Yule

La conexión más estrecha de Thor con Yule es el cuento de su fiesta con los niños humanos Thjalfi y Röskva. Loki acompañó a Thor en una visita a Jotünheim en un carro tirado por sus dos fieles cabras, Tanngrisnir y Tanngnjóstr. Conoció a Thjalfi y a la familia de Röskva, que les dieron la bienvenida a cenar. A cambio de su hospitalidad, Thor les agasajó con un gran banquete, dándoles de comer a sus cabras especiales, para resucitarlas al día siguiente. Pidió a la familia que cuidara bien de las pieles y los huesos de las cabras. Sin embargo, Thjalfi fue descuidado y partió en dos un hueso de la pata. Las cabras resucitaron y Thjalfi quedó lisiado. Thor estaba furioso e hizo un trato con la familia para llevarse a Thjalfi y a su hermana Röskva a trabajar para él.

Rituales del tercer día

- **Haga una ofrenda**

La Cabra de Yule de Thor simboliza su poder y su capacidad para proteger a los humanos. En lugar de mostrar a la familia su ira, ideó una forma de perdonarlos. Ofrezca una bebida y algo de comida a Thor a cambio de su protección.

- **Haga un banquete especial**

Aunque no tiene que hacer un gran festín para cada una de las doce noches, el del tercer día puede ser el mejor, como testimonio de su hospitalidad.

- **Invite a la gente**

A pesar de los eventuales inconvenientes, el dios de la guerra y la fertilidad apreció la hospitalidad de la familia. A cambio, les bendijo con su protección. Esta noche es tan buen momento como cualquier otro para invitar a gente a casa o recibir visitas inesperadas y agasajarlas con una buena comida.

Cuarto día | Fiesta de Ægir, Njörd y Freya

Este día es sagrado para el dios y la diosa vanir Njörd, Freya y el jötunn Ægir. Los dioses Vanir están asociados con la naturaleza y la fertilidad, por lo que este es otro gran día para celebrar los dones de la naturaleza. Ægir es el dios de los océanos y de la elaboración de la cerveza, siendo el primero otro elemento esencial de la naturaleza. Njörd es también el dios del mar. Ægir estaba muy unido a los dioses y diosas y a menudo preparaba bebidas especiales para darles la bienvenida.

El intercambio de rehenes entre Aesir y Vanir

Tras la guerra entre las deidades Aesir y Vanir, Njörd, el padre de las deidades, emprendió un viaje a Asgard con Frey y Freya para intercambiar rehenes con los Aesir. Construyó un gran hogar llamado Noatun en la orilla, tras apaciguar las tormentas y tempestades agitadas por Ægir. Lanzó su protección sobre todos los pescadores y pasó mucho tiempo allí observando el océano, que le encantaba.

Rituales del cuarto día

• Honre a las deidades Vanir

En honor de los dioses Aesir, ofrézcales algo. También puede tallar runas de Njörd y Freya.

• Prepare algo

Como hizo Ægir, ¿por qué no elaborar algo? Las cervezas son muy apropiadas, aunque puede preparar zumo si lo prefiere. Ofrezca algo a los dioses Vanir y tome un buen trago con su pareja, amigos o familia. No olvide hacer un brindis.

• Ir al océano

Otra idea perfecta para celebrar la fiesta de Ægir, Njörd y Freya, es pasar un rato en el mar o en el océano. Un lago también podría funcionar si se encuentra lejos del mar. Los océanos y los mares son muy relajantes, por lo que darse un festín seguro que elimina la intensidad y el estrés.

Quinto día | Fiesta de la comunidad

Este día es sagrado para la comunidad. Es un gran momento para que la gente se reúna para ayudarse mutuamente y hacer la vida un poco más fácil.

Rituales del quinto día

• Ayude a la gente

Si está al aire libre y ve a alguien trabajando en el jardín, ¿por qué no le echa una mano? Si ve a un anciano o a una anciana de camino a casa con la compra, ¿por qué no le lleva las bolsas? Ya pilla la idea. Es un buen momento para ayudar a la gente de su comunidad.

• Colabore con la gente

Tanto si quiere celebrar la fiesta de hoy en su casa como si le invitan a otro lugar, asegúrese de que todo el mundo colabora con algo y se ayuda mutuamente de alguna manera. Cocinen juntos, preparen juntos la pequeña ceremonia y diviértanse.

• Comparta con los pobres

Antes de su reunión nocturna, considere la posibilidad de salir con un grupo de personas para dar comida y ropa a los pobres y necesitados. Si es posible, acoger a los sin techo durante una noche también sería algo virtuoso.

Sexto día | La fiesta de Eir

El sexto día de Yule honra a Eir, posiblemente la diosa de la curación. Es el momento perfecto para desear salud y bienestar a sus seres queridos para el próximo año.

La amada sanadora

Se discute si Eir es una diosa o una valquiria. Era la sierva de Freya y Odín, y dioses y diosas la veneraban. Se creía que tenía poderes sobre la vida y la muerte y era llamada para curar a las deidades enfermas y heridas. En la mitología nórdica, quienes curaban a los enfermos eran en su mayoría mujeres. Tiene sentido, ya que Eir compartía sus conocimientos y experiencia curativa con muchas mujeres.

Rituales del sexto día

- **Atienda a los enfermos**

Como muestra de agradecimiento a los poderes curativos de Eir, cuide de los familiares enfermos, hágales felices de todas las formas posibles y visite a los parientes hospitalizados.

- **Manténgase sano**

Independientemente de su dieta, manténgase muy sano este día. No hay razón para hacer un banquete copioso. El ayuno también es una forma estupenda de limpiar su cuerpo de toxinas, pero si va a comer, prepare alimentos ligeros y sanos y coma con moderación. Una sopa de verduras y un té de hierbas pueden hacer maravillas.

- **Haga ejercicio**

Puede hacer un millón de buenas actividades físicas individualmente o en grupo en este día. Caminar o correr unos kilómetros, hacer ejercicio, practicar deporte o hacer yoga son formas estupendas de mantenerse sano.

- **Pida bendiciones**

Pida a las deidades bendiciones y una pronta recuperación para los enfermos.

Séptimo día | Fiesta de Thor

Al igual que la tercera, la séptima noche de Yule es sagrada para Thor. Hemos visto el simbolismo en la Cabra de Yule de Thor. Este día es otra oportunidad para ser hospitalario y generoso.

Rituales del séptimo día

- **Rinda homenaje a Thor y Frey**

Considere la posibilidad de tallar las runas Þ o ᚦᛟᚱ en honor a Thor. Una maqueta del martillo de Thor o una pequeña estatua de Thor blandiendo su martillo es una idea de decoración muy chula para esta noche. Un lugar estupendo para colocarlos es junto al tronco encendido o las velas encendidas.

- **Haga un banquete**

No tiene por qué ser tan grande como el festín del tercer día. Haga una buena cena con quien esté con usted o invite a gente si puede. También puede hacer una ofrenda.

- **Pida protección**

En esta noche, puede pedir a Thor que arroje su protección sobre su hogar y su familia.

- **Vea una buena película de Thor**

Esta noche es muy apropiada para ver una buena película sobre la mitología nórdica, en particular sobre Thor. "Thor: Ragnarok" es una película cautivadora y visualmente impresionante.

Octavo día | Fiesta de Skadi y Ullr

Esta noche también es una contemplación del invierno y la oscuridad. El regreso del sol se celebra durante el solsticio de invierno, pero eso no le quita importancia al invierno. La luz solo puede existir mientras haya oscuridad. Skadi y Ullr son dioses del invierno y son honrados durante esta noche.

La venganza de Skadi y el matrimonio infeliz

Skadi tiene que ver con el invierno, el frío, el hielo, la nieve, etc. Anteriormente gigante, se la representaba como una hermosa diosa que caminaba con un precioso lobo por el hielo y la nieve, con sus icónicas raquetas de nieve, y marcada por el deseo de vengar a su padre asesinado por los dioses en un intento de robo fallido. Buscando justicia para su padre, los dioses fueron pacientes con ella y le ofrecieron una reparación. Odín convirtió los ojos de su padre (los de Thjazi) en dos estrellas. Los dioses aceptaron su reto imposible de hacerla reír y le pidieron que se casara con un dios de su elección basándose solo en la vista de sus pies.

Finalmente, Loki hizo reír a Skadi atando sus testículos a una cabra con una cuerda antes de luchar con él y caerse. Skadi quería elegir al amado Baldur como esposo y escogió los pies más agradables ante ella. Desgraciadamente, los pies de Njörd eran bastante agradables y se casó con él.

Tras una gloriosa boda, Skadi quiso vivir en las extremadamente frías cumbres de las altas montañas, y Njördr quiso vivir en su hermosa casa costera, lo que condujo a un matrimonio infeliz.

Rituales del octavo día

• Salga de caza

Los humanos han pasado la mayor parte de su existencia cazando en lugar de asentarse en casas, pueblos y ciudades. A menos que usted no coma carne: Asegúrese de que es temporada de caza, prepare su equipo y asegúrese de que dispone de los documentos necesarios.

• Haga una ofrenda

Honre a los dioses de la caza, Skadi y Ullr, ofreciéndoles comida en plena naturaleza o en los cotos de caza. No se preocupe; no se desperdiciará. Al menos uno o dos animales estarán muy contentos.

• Decore

Si tiene flechas, arcos, lanzas o armas de caza, este día es perfecto para utilizarlos como decoración.

Noveno día | Fiesta de Odín

El noveno día es sagrado para Odín, el dios central de la mitología nórdica. Odín lo tiene todo. Es el dios de la guerra, la muerte, la sabiduría, la poesía, las runas, la magia, etc. Este día es una gran oportunidad para aprender cosas nuevas y adquirir conocimientos. Odín buscó el conocimiento de las formas más espectaculares.

El sacrificio de Odín

Odín fue muy lejos en busca de sabiduría y conocimiento. Llegó al pozo de Mimir, el Pozo de Urd, el pozo del que crece el gran árbol Yggdrasil y que se asocia con el conocimiento y la sabiduría. La sabiduría de Mimir no tenía parangón; lo sabía todo. Odín pidió a Mimir un trago del pozo. Este se negó a menos que Odín le ofreciera su ojo a cambio. Odín se cortó el ojo y finalmente pudo beber.

El otro sacrificio de Odín

Odín sacrificó demasiado por la sabiduría. Ya había perdido un ojo, pero eso no le impidió querer más conocimiento. Su segundo gran sacrificio no fue otro que él mismo. Las runas se originaron en el Pozo de Urd y solo fueron reveladas a aquellos dignos de tal sabiduría. Odín se colgó utilizando una rama de Yggdrasil, se atravesó el pecho con una lanza y cayó al agua del pozo. Permaneció allí durante muchos días hasta que finalmente percibió las runas.

Rituales del noveno día

• Representar el Yggdasil y el Ojo de Odín

Un dibujo, pintura o maqueta del Yggdrasil sería una gran decoración. Si se trata de una maqueta, considere la posibilidad de representar el Pozo de Urd. Puede imaginárselo. Una estatua o un cuadro de Odín y una representación de su ojo también serían estupendos.

• Aprenda

Cada día es un gran día para aprender cosas nuevas. Especialmente, en este día, un buen símbolo de la eterna búsqueda de sabiduría de Odín.

• Lea el Hávamál

El Hávamál es un gran recurso para muchos mitos y cuentos nórdicos. Es una colección de poemas en nórdico antiguo, uno de los cuales narra la historia del sacrificio de Odín.

• Talle runas

Es un día perfecto para tallar runas y utilizarlas para decorar su entorno. Dará un ambiente bastante místico.

Décimo día | Fiesta del Sol

En Yule celebramos el regreso del sol, y el décimo día nos lo recuerda. La diosa del sol, apropiadamente llamada Sunna, es honrada en este día. Esta noche también es sagrada para los antepasados. Es un gran momento para celebrar la eventual llegada de la primavera y contemplar nuestros orígenes, rindiendo homenaje a nuestros antepasados.

La vida de Sunna

Hija de Mundilfari y hermana de Mani, Sunna recibió el nombre de nuestra estrella brillante. A las divinidades no les gustó y la enviaron de la Tierra al Sol. Ella montaba eternamente un carro tirado por dos caballos y traía el día y la noche a su paso. Tenía un escudo llamado Svalinn para evitar que el sol quemara todo lo que había bajo el sol. Un lobo, Sköll, la perseguía continuamente y se formaba un eclipse cuando se acercaba mucho a ella. Finalmente, será capturada y devorada en el Ragnarok. Sin embargo, para entonces habrá dado a luz a una hija, que ocupará su lugar cuando se cree el nuevo mundo.

Rituales del Décimo Día

- **Haga una velada con temática solar**

Nada superará a los símbolos, dibujos o artesanías del sol para decorar su altar en este día. Las representaciones de Sunna también son una buena idea.

- **Recuerde a los antepasados**

Haga un brindis y levante copas por los antepasados. Es una buena forma de recordar cómo llegamos a existir.

Undécimo día | Fiesta de las Valquirias

Esta noche es sagrada para las Valquirias y todas las diosas.

Escogedoras de los muertos

Las valquirias, o "elegidoras de los muertos", son las guerreras de Odín que montaban a caballo, lobo o jabalí, e iban de un campo de batalla a otro, decidiendo el destino de los guerreros caídos. Llevaban a los muertos ante Freya y Odín para que eligieran quién era digno del Valhalla. Freya era siempre la primera en elegir y se llevaba a la mitad de los muertos a su reino. Las valquirias elegían a la otra mitad en nombre de Odín. Las valquirias lucharán al lado de Odín y acudirán al Ragnarök.

Rituales del undécimo día

- **Representar a las valquirias**

Las valquirias son criaturas tan icónicas, y hay muchas de ellas. Tener retratada a cada una de ellas es la forma perfecta de decorar su altar.

Duodécimo día | Noche del juramento

Esto marca el final del solsticio de invierno y el comienzo del Año Nuevo. El viaje ha sido apasionante; a estas alturas, habrá celebrado los nuevos comienzos de la mejor manera posible. Este día es sagrado para todos los dioses y diosas, especialmente para los Æsir y Dísir. Es el final de lo que esperamos haya sido un año maravilloso y el comienzo de brillantes días futuros. Marca el final de una serie de fiestas y festejos asombrosos, pero con una celebración final que debería merecer la pena recordar.

Rituales del Duodécimo Día

• Haga un juramento

El Año Nuevo es un nuevo comienzo. Dele la bienvenida haciendo una promesa que sin duda cumplirá. Propóngase conseguir las cosas que desea y no escatime esfuerzos para lograrlo. Si usted, como nuestros antepasados, cree que los juramentos son promesas divinas que no deben romperse, absténgase de hacer juramentos que no esté seguro de poder cumplir.

• Celebre una fiesta final

Yule termina tradicionalmente con un banquete de jabalí, pero puede hacerlo con otra cosa. Asegúrese de reunir a tanta gente como desee para esta reunión final hasta la próxima celebración.

• Alabe las cosas que considera sagradas

Las ofrendas, oraciones y brindis a todos los dioses, diosas y seres sagrados son una forma estupenda de poner fin a unas fiestas repletas de homenajes y recuerdos.

• Saque el fuego

Ahora puede dejar que el sol haga el resto del trabajo. Si quemó un gran tronco, con suerte durante doce días seguidos, considere la posibilidad de guardar parte de él para el próximo invierno. Haga lo mismo con las velas que encendió cada día.

Con el año que se va, comienza otro capítulo, lleno de promesas y posibilidades. Compartimos algunas ideas sobre lo que hay detrás de nuestras queridas celebraciones de Yule. Tenga en cuenta que siempre hay un millón de maneras de celebrar cualquier cosa. En particular, las observaciones de Yule son muy personales. Percibimos estas celebraciones de forma diferente, y hemos compartido algunas ideas y percepciones sobre la mitología que subyace a las celebraciones de Yule. No olvide ser creativo con sus propias ideas. Haga del Yule de este año una experiencia digna de recordar. Que la luz le acompañe allá donde vaya.

Conclusión

El solsticio de invierno es una de las tradiciones más celebradas en todo el mundo. También conocido como Yule, se honra de muchas formas diferentes y a través de diversas religiones y prácticas espirituales, como el paganismo, la druidería, la wicca e incluso el cristianismo. Este último adoptó las costumbres de Yule, incorporándolas poco a poco a las celebraciones navideñas. Aunque esta adaptación trajo consigo algunas tradiciones diferentes, el propósito esencial de la festividad sigue siendo el mismo. Ofrece a la gente la oportunidad de reunirse y pasar tiempo con sus seres más queridos, así como con su comunidad, como se hacía en la antigüedad.

Sin embargo, como ha aprendido en este libro, para los paganos, el solsticio de invierno significa mucho más que fiestas familiares y decoraciones. La festividad marca el descenso de la naturaleza a la oscuridad, solo para emerger de nuevo después de este día. Según la tradición pagana, la noche del solsticio de invierno es el momento en que la Diosa da a luz al Sol, un acontecimiento notablemente similar a la llegada cristiana del Mesías. Esta noche también marca el momento en que el Rey Roble (la representación pagana del verano y la luz) derrota al Rey Acebo (el soberano de la oscuridad y el invierno), permitiendo que la naturaleza renazca de nuevo.

Si quiere celebrar Yule, empiece por hacer sus propios adornos. Esto le ayudará a entrar en el verdadero espíritu pagano de la festividad y a expresar sus creencias y creatividad. Si decide hacer adornos para un árbol de Yule, montar una corona de Yule o mostrar los símbolos de

Yule de cualquier otra forma, depende totalmente de usted. Utilizar plantas y árboles sagrados en sus adornos también puede acercarle al espíritu de la naturaleza.

Otra cosa que puede hacer es montar un altar dedicado a esta festividad. Aunque no practique activamente la magia como pagano, puede aprovechar este espacio sagrado para conmemorar fiestas como Yule. A los practicantes activos les alegrará saber que lanzar hechizos y realizar pequeños rituales en su altar hará que la magia sea aun más potente. Las prácticas de limpieza espiritual y las ceremonias para dar la bienvenida al Sol son especialmente eficaces en esta época del año. Realizarlas aumenta sus habilidades naturales e intensifica su desarrollo espiritual.

La mayoría de los rituales pueden ser realizados tanto por practicantes solitarios como por grupos. Uno de los más conocidos es la ceremonia del tronco de Yule, que puede realizar con su familia y amigos o, si lo prefiere, en la santidad de su propia compañía. Puede utilizar los hechizos y encantamientos que le presentamos o crear los suyos propios para personalizar sus rituales. Preparar un delicioso banquete de Yule, así como elaborar adornos, reúne a familiares y amigos. Añada algunas actividades tradicionales con un toque moderno, como hacer regalos o donaciones a personas necesitadas, y podrá implicar a toda su comunidad en los preparativos. Puede añadir esta y todas las demás actividades enumeradas en este libro a su calendario de Yuletide, que es esencialmente un programa de lo que hay que hacer durante las 12 noches anteriores al solsticio de invierno. Recuerde que detrás de cada día hay una antigua tradición que representa un hito en el desarrollo espiritual de un pagano, así que asegúrese de incluir actividades que simbolicen su visión de la festividad.

Vea más libros escritos por Mari Silva

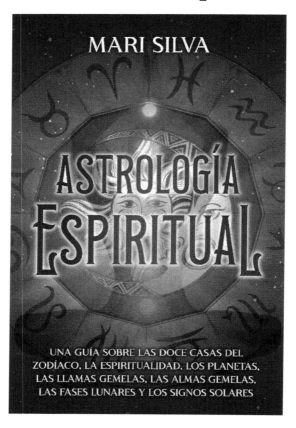

Su regalo gratuito

¡Gracias por descargar este libro! Si desea aprender más acerca de varios temas de espiritualidad, entonces únase a la comunidad de Mari Silva y obtenga el MP3 de meditación guiada para despertar su tercer ojo. Este MP3 de meditación guiada está diseñado para abrir y fortalecer el tercer ojo para que pueda experimentar un estado superior de conciencia.

https://livetolearn.lpages.co/mari-silva-third-eye-meditation-mp3-spanish/

Referencias

13 ways to celebrate yuletide. (n.d.). Circle Sanctuary.

Brethauer, A. (2019, December 2). Awesome Yule tree decorations for your Winter Solstice holiday. The Peculiar Brunette. https://www.thepeculiarbrunette.com/8-diy-yule-winter-solstice-holiday-tree-ornaments/

Corkhill, L. (2018, November 20). Ten ways to celebrate Yule. The Green Parent. https://thegreenparent.co.uk/articles/read/ten-ways-to-celebrate-yule

Decorate your own Yule Altar. (n.d.). Castlefest. https://winter.castlefest.nl/en/blog/vana-grimoire-yule-altaar

Dictionary.com. (2021, December 16). What's the difference between "Yule" and "Christmas"? Thesaurus.Com. https://www.thesaurus.com/e/ways-to-say/yuletide/

Difference between Christmas and yule (with table). (n.d.). Askanydifference.Com. https://askanydifference.com/difference-between-christmas-and-yule-with-table/

Dunn, M. (2020, December 16). The story of Yule, the raucous Viking celebration of winter that inspired Christmas. All That's Interesting. https://allthatsinteresting.com/yule-viking-christmas

Eisinger, N. (2021, December 15). Rituals of Winter Solstice and how to decorate your altar or make a Yule Log. Glad.Is. https://glad.is/blogs/articles/decorate-your-altar-for-winter-solstice

Facebook. (n.d.). Facebook.Com. https://www.facebook.com/PaganCider/posts/mead-the-oldest-drink-of-them-all-the-pagan-mead-is-about-to-be-released-into-a-/1020643751398720/

Farrell, N. (2019, December 13). How to celebrate the winter solstice, the shortest day of the year. Sunset Magazine; Sunset. https://www.sunset.com/lifestyle/wellness/winter-solstice-rituals-nature

Geller. (2016, November 18). The Wild Hunt. Mythology.Net. https://mythology.net/norse/norse-concepts/the-wild-hunt/

Gooden, T. (2020, December 21). The curious past and lasting importance of Yule. Nerdist. https://nerdist.com/article/yule-curious-past-and-present-day-importance/

Greenberg, M. (2020, November 30). The legend of the Wild Hunt: The complete guide (2022). MythologySource; Mike Greenberg, Ph.D. https://mythologysource.com/the-wild-hunt/

Imagining History. (2020, December 1). Ancient origins of the Christmas Tree - A guide for kids. Imagininghistory. https://www.imagininghistory.co.uk/post/ancient-origins-of-the-christmas-tree

Insight Network, Inc. (n.d.). Insight timer - #1 free meditation app for sleep, relax & more. Insighttimer.Com. https://insighttimer.com/herbalmoongoddess/guided-meditations/winter-solstice-meditation-for-yule

Journeys, S. E. (2011, December 22). Yule traditions and symbols. Sacred Earth Journeys. https://www.sacredearthjourneys.ca/blog/traditions-and-symbols-of-yule/

Kelsey. (2021, November 9). How to celebrate the Pagan Christmas holiday Yule. Blondes & Bagels. https://blondesandbagels.com/how-to-celebrate-the-pagan-christmas-holiday-yule/

Mankey, J. (2017, December 11). Krampus: The Horned God of yuletide. Raise the Horns. https://www.patheos.com/blogs/panmankey/2017/12/krampus-horned-god-yuletide/

Patterson, R. (2020, December 11). Working magic: Yule/winter solstice spells. Beneath the Moon. https://www.patheos.com/blogs/beneaththemoon/2020/12/working-magic-yule-winter-solstice-spells/

Perez, Y. (n.d.). How to celebrate yule. CityWide Stories. https://citywidestories.com/2017/12/08/how-to-celebrate-yule/

SanSone, A. (2019, January 18). Here are the best evergreens for adding year-round beauty to your backyard. Country Living. https://www.countryliving.com/gardening/garden-ideas/g25367864/best-evergreen-shrubs/

Santa and Odin - Christmas and yule. (2017, December 15). Sons of Vikings. https://sonsofvikings.com/blogs/history/viking-origins-of-christmas-yuletraditions

Saturnalia. (2017, December 5). HISTORY. https://www.history.com/topics/ancient-rome/saturnalia

Sharma, S. (2022, February 16). The best crystals for self-love, to attract new love and heal heartbreak. Elle India. https://elle.in/crystals-for-love/

Stokes, V. (2021, June 17). Love, health, success, or wealth? How to use crystals to manifest your desires. Healthline. https://www.healthline.com/health/crystals-for-manifestation

Teens, C. P. L. (n.d.). Discover Winter Solstice and Yule. Cantonpl.Org. https://www.cantonpl.org/blogs/post/discover-winter-solstice-yule/

Thompson, A. (2019, December 20). The many stories behind the origins of yule. Mental Floss. https://www.mentalfloss.com/article/610507/history-of-yule

Ward, K. (2021, October 22). How to celebrate Yule. Cosmopolitan. https://www.cosmopolitan.com/lifestyle/a38039639/how-to-celebrate-yule/

Weaver, S. (2009, December 18). The Yule Goat. Storey Publishing.

What is Yule? (n.d.). Almanac.Com. https://www.almanac.com/content/what-yule-log-christmas-traditions

Wigington, P. (2007a, May 13). History of Yule. Learn Religions. https://www.learnreligions.com/history-of-yule-2562997

Wigington, P. (2007b, November 7). Deities of the winter solstice. Learn Religions. https://www.learnreligions.com/deities-of-the-winter-solstice-2562976

Wigington, P. (2007c, November 13). Hold a solitary goddess ritual for Yule, the winter solstice. Learn Religions. https://www.learnreligions.com/yule-goddess-ritual-for-solitaries-2562986

Wigington, P. (2008a, November 19). How to decorate your Yule altar for the Winter Solstice. Learn Religions. https://www.learnreligions.com/setting-up-a-yule-altar-2562996

Wigington, P. (2008b, November 21). Hold a blessing ceremony for your Yule tree. Learn Religions. https://www.learnreligions.com/blessing-your-yule-tree-2562975

Wigington, P. (2009a, April 14). The triple goddess: Maiden, Mother, and Crone. Learn Religions. https://www.learnreligions.com/maiden-mother-and-crone-2562881

Wigington, P. (2009b, November 15). Ten magical gifts to share for Yule. Learn Religions. https://www.learnreligions.com/magical-gifts-to-share-for-yule-2562952

Wigington, P. (2009c, November 25). Pagan rituals to celebrate Yule, the winter solstice. Learn Religions. https://www.learnreligions.com/about-yule-rituals-2562970

Wigington, P. (2013a, February 23). How do pagans honor their ancestors? Learn Religions. https://www.learnreligions.com/ancestor-worship-in-pagan-cultures-2562898

Wigington, P. (2013b, November 14). Eight things to hang on a Pagan holiday tree. Learn Religions. https://www.learnreligions.com/things-to-hang-on-holiday-tree-2563022

Wigington, P. (2016, August 13). 12 simple prayers for the winter solstice. Learn Religions. https://www.learnreligions.com/about-yule-prayers-4072720

Wright, M. (2008, October 30). How to decorate a Wiccan yule altar. Synonym.Com; Synonym. https://classroom.synonym.com/how-to-decorate-a-wiccan-yule-altar-12078392.html

Yule. (n.d.). Controverscial.Com. https://www.controverscial.com/Yule.htm

Yule. (2018, March 19). Our Lady of the Woods. https://www.ladywoods.org/yule/

Yule history and origins. (n.d.). Renstore.Com. https://stores.renstore.com/history-and-traditions/yule-history-and-origins

Yule origins, lore, legends, and customs. (n.d.). Unityunitarian.Org http://www.unityunitarian.org/uploads/6/1/0/3/6103699/high_feasts_holy_days_lesson_9b.pdf

Yule symbols. (2022, January 19). Ancient Symbols. https://www.ancient-symbols.com/symbols-by-subjects/yule-symbols

Yuletide Lore. (n.d.). Angelfire.Com. https://www.angelfire.com/wa3/angelline/yule_lore.htm

Wigington, P. (n.d.). Pagan Rituals to Celebrate Yule, the Winter Solstice. Learn Religions https://www.learnreligions.com/about-yule-rituals-2562970

Yule. (2021, October 4). The Goddess and the Greenman. https://www.goddessandgreenman.co.uk/yule

Printed in Great Britain
by Amazon